Führung & Motivation

Der Knigge für alle Führungskräfte

Schenken Sie dieses Buch allen Chefs und Chefinnen

Der Autor

Detlev Gebhard, Diplom-Kommunikationswirt, früher Bankdirektor, seit 2009 Coach für Führung, Motivation & Innovation. Durchführung von Seminaren und Workshops. Beratung von Unternehmen und öffentlichen Verwaltungen.

Der "inspirierende Geist"

Dennis Gebhard, M.A. und Design Thinking Experte. Mitglied im Management der Steuerberatungsgesellschaft Schröder & Partner, Berlin. Die Kanzlei wurde für ihre mitarbeiterorientierte Unternehmensführung mehrfach ausgezeichnet.

Wenn Sie
Ihre Mitarbeiter begeistern,
dann werden Ihre Mitarbeiter
auch Sie begeistern.

Der Knigge für alle Führungskräfte
© Update vom Juni 2024 Detlev Gebhard
ISBN: 978-3-347-80931-4
Druck und Distribution im Auftrag des Autors:
tredition GmbH, Heinz-Beusen-Stieg 5, 22926 Ahrensburg

Inhalt

Eine gute Führungskraft reißt mit.
Eine schlechte Führungskraft zieht runter.

Liebe Chefin, lieber Chef,

es ist vollkommen unstrittig: Ihr Verhalten als Führungskraft ist von überragender Bedeutung dafür, wie gern Ihre Mitarbeiterinnen und Mitarbeiter jeden Morgen zur Arbeit kommen und wie viel Freude sie an ihrer Arbeit haben.

Niemand sonst hat so viel Einfluss auf das Arbeitsklima und damit auf die Motivation, das Engagement und die Leistungsbereitschaft Ihrer Mitarbeiterinnen und Mitarbeiter wie Sie. Diverse Studien belegen das. Zwei Beispiele:

Eine Studie der Hochschule für Oekonomie und Management (FOM) sagt klipp und klar: *„Führung und Motivation sind zwei Seiten der gleichen Medaille. Es besteht ein ganz unmittelbarer Zusammenhang: Je besser die Führungskräfte von ihren Mitarbeitern bewertet werden, desto motivierter sind die Mitarbeiter."*

Und in dem Buch von Marco Nink über die renommierte Gallup-Studie, die seit 2001 jährlich durchgeführt wird, heißt es: *„Wie lange ein Mitarbeiter einem Unternehmen treu bleibt, wie engagiert und motiviert er bei der Arbeit ist, hängt vom Arbeitsumfeld und dabei in erster Linie vom disziplinarischen Vorgesetzten ab. Das ist das Kernergebnis unseres Engagement-Index."*

Sie werden keine Untersuchung finden, die den engen Zusammenhang zwischen dem Verhalten der Führungskräfte und der Motivation, dem Engagement und der Leistungsbereitschaft ihrer Mitarbeiterinnen und Mitarbeiter in Frage stellt.

Von einer guten Führungskraft wird viel verlangt. Aber sie kann auch viel bewirken. Deshalb sind herausragende Führungskräfte so wichtig.

Gute Führung kann unglaubliche Potenziale heben

Im Literaturverzeichnis finden Sie Hinweise zu diversen Umfragen und Untersuchungen zum Thema „Führung und Motivation". Einige Auszüge:

- Nach der Gallup-Studie zur Mitarbeiterbindung sind nur 15 % aller Mitarbeiter rundum engagiert und ihrem Unternehmen stark verbunden. 70 % aller Mitarbeiter machen ihren Job, bleiben aber deutlich unter ihren Möglichkeiten. Und 15 % haben innerlich bereits gekündigt. Von Jahr zu Jahr schwanken die Zahlen nur geringfügig.

- Ein ähnliches Ergebnis zeigt die ebenfalls bereits erwähnte FOM-Studie. Demnach bringen die deutschen Arbeitnehmer durchschnittlich nur 70 % ihrer möglichen Arbeitsleistung.

- Auch nach einer Selbstbefragungs-Studie des Bundesministeriums für Arbeit und Soziales sind in den deutschen Unternehmen nur 31 % der Arbeitnehmer rundum engagiert und motiviert.

- Das Problem: Laut einer Hay-Group-Studie schaffen es nur 37 % der Führungskräfte, für ein motivierendes und leistungsförderndes Arbeitsklima zu sorgen. Andere Studien zeigen ähnliche Ergebnisse.

- Dabei weichen Selbstbild und Fremdbild der Führungskräfte oft dramatisch voneinander ab. Ein Beispiel: Nach der Studie „Deutschland führt!?" glauben 91 % der Führungskräfte, dass sie ihre Mitarbeiter gut motivieren. Aber nur 34 % der Mitarbeiter stimmen dem zu.

- In der gleichen Studie beklagen rund 65 Prozent aller Führungskräfte, dass sie auf ihre Führungsrolle zu wenig vorbereitet wurden und auch danach zu wenig unterstützt werden.

- Trotz diverser Führungsseminare wissen die Führungskräfte oft nicht, was im persönlichen und fachlichen Umgang mit ihren Mitarbeitern eigentlich ganz konkret von ihnen erwartet wird. Es fehlt eine klare, unternehmensweite Führungsphilosophie.

Zufriedenheit versus Motivation: Schluss mit einem Missverständnis!

Bei Umfragen zur *Zufriedenheit von Mitarbeitern* fallen die Ergebnisse oft viel besser aus als in Studien zur *Motivation von Mitarbeitern*: So sind dann zum Beispiel 20 % sehr zufrieden, 10 % sind überhaupt nicht zufrieden und 70 % geben immerhin an, dass sie mit ihrem Job „im Großen und Ganzen" zufrieden sind.

Aber sind zufriedene Mitarbeiter automatisch auch motivierte und engagierte Mitarbeiter? Dem ist mitnichten so!

Stellen Sie sich einen Mitarbeiter vor, der mit seinen Aufgaben ganz gut zurechtkommt, der seinen Job weder besonders gern, noch besonders ungern macht, der sein Gehalt als halbwegs angemessen empfindet, der mit den meisten Kolleginnen und Kollegen ganz gut auskommt und dessen Chef oder Chefin ihn weitgehend in Ruhe lässt.

Dieser Mitarbeiter wird bei jeder Umfrage angeben, dass er mit seinem Job im Großen und Ganzen zufrieden ist. Und wie wird er seinen Job machen? Genau so! Er wird, von Ausnahmen abgesehen, nicht viel mehr tun, als nötig ist, um im Strom mitzuschwimmen. Herzblut wird er in seine Arbeit nicht investieren.

Bei einem Mitarbeiter, der Spaß an seiner Arbeit hat und der das Arbeitsklima als toll empfindet, sieht das anders aus. Er will seinen Job stets so gut wie möglich machen, er denkt mit und kommt immer wieder mit Ideen und Verbesserungsvorschlägen. Er ist initiativ, sucht sich seine Arbeit gegebenenfalls auch selbst, ist offen für Neues und selten krank. Er ist an Weiterbildung interessiert und bildet sich auch selbst weiter. Ein himmelweiter Unterschied!

Für ein motivierendes Arbeitsklima zu sorgen, ist eine der vorrangigen Aufgaben jeder Führungskraft. Anregungen dazu finden Sie in den 33 Grundsätzen für ein motivierendes Führungsverhalten.

Was ist das Besondere an diesen Führungs-grundsätzen?

Sie sind nicht am grünen Tisch entwickelt worden, sondern von denen, die davon betroffen sind – von Führungskräften aller Hierarchieebenen gemeinsam mit Mitarbeiterinnen und Mitarbeitern ohne Führungsverantwortung. Ein wahrhaft spannender Mix.

Es waren insgesamt weit über einhundert Teilnehmerinnen und Teilnehmer aus ganz unterschiedlichen Unternehmen und öffentlichen Verwaltungen daran beteiligt. In diversen, speziell konzipierten Workshops und in ausführlichen Interviews haben sie definiert und zusammengetragen, was vorbildliche Führung ausmacht.

Die zentrale Frage, die dabei gestellt wurde, lautete:

„Was kann eine Führungskraft tun und was sollte sie auf gar keinen Fall tun, damit ihre Mitarbeiterinnen und Mitarbeiter jeden Morgen gern zur Arbeit kommen und mit Motivation, Engagement und Leistungsbereitschaft bei der Sache sind?"

Das Ergebnis: Eine Leitlinie mit 33 sehr klaren und sehr konkreten Grundsätzen für ein motivierendes Führungsverhalten. Keine graue Theorie, sondern Praxis pur!

Lassen Sie sich von den Ergebnissen inspirieren!

Denken Sie an die FOM-Studie: „Führung und Motivation sind zwei Seiten der gleichen Medaille. Es besteht ein ganz unmittelbarer Zusammenhang: Je besser die Führungskräfte von ihren Mitarbeitern bewertet werden, desto motivierter sind die Mitarbeiter."

Das ist doch eine Schnapsidee!

"Was – auch ganz normale Mitarbeiter durften für dieses Buch ihre Ideen einbringen und sagen, wie sie geführt werden wollen? Wo kommen wir denn da hin? Das ist doch eine Schnapsidee! Da tanzen mir doch die Mitarbeiter auf der Nase herum!"

Ist es das, was Sie jetzt denken?

Es ist keine Schnapsidee! Wenn Sie engagierte und motivierte Mitarbeiter haben wollen, dann müssen Sie sich als Führungskraft so verhalten, dass Sie Ihre Mitarbeiter motivieren – und vor allem: dass Sie sie nicht demotivieren. Diverse Studien belegen eindeutig: Letzteres ist leider an der Tagesordnung. Ob Mitarbeiter motiviert oder demotiviert sind, kann an dem liegen, was eine Führungskraft tut – aber auch an dem, was sie nicht tut.

Zunächst einmal muss man daher herausfinden, was Mitarbeiter motiviert und was sie demotiviert. Auf dieser Grundlage brauchen Sie dann klare, ganz konkrete Führungsgrundsätze und den festen Willen, sich daran zu halten. Die Analyse der Motive und die Führungsgrundsätze liefert Ihnen dieses Buch. Sich daran zu halten, dafür sind Sie zuständig.

Natürlich sollen Sie sich dabei von Ihren Mitarbeitern nicht auf der Nase herumtanzen lassen! Die Führungsgrundsätze zeigen daher auch, wie Sie Konflikte managen, wie Sie auf Fehler und schlechte Leistungen reagieren und wie Sie mit Problembären fertig werden.

Aber mein eigener Chef hat ganz andere Erwartungen an mich! Das beißt sich doch!

Wirklich?

Was erwartet Ihr Chef von Ihnen? Wenn Sie es genau wissen wollen, dann fragen Sie ihn. Es wird dabei in etwa Folgendes herauskommen:

Er erwartet, dass Sie einen tollen Job machen und alle Aufgaben zu seiner vollsten Zufriedenheit erledigen, dass Sie über den Tellerrand Ihrer Abteilung hinausblicken, dass Sie kontinuierlich darüber nachdenken, wie Sie Ihren Job noch besser machen können, dass Sie mit anderen Abteilungen konstruktiv zusammenarbeiten, dass Sie immer wieder gute Vorschläge einbringen, dass Sie dazu beitragen, das Unternehmen voranzubringen – und dass Sie nicht wegen jeder Kleinigkeit zu ihm kommen.

Das erwartet Ihr Chef von Ihnen. Nicht mehr und nicht weniger.

Alledem können Sie aber nur gerecht werden, wenn Sie qualifizierte, engagierte und motivierte Mitarbeiter haben, die Ihnen dabei helfen. Auch wenn Sie noch so gut sind – als Einzelkämpfer werden Sie nie und nimmer das erreichen, was Sie gemeinsam mit einem motivierten und engagierten Team erreichen können. Dass Sie sich aus diesem Grund intensiv um die Qualifikation, die Motivation und das Engagement Ihrer Mitarbeiter kümmern – dagegen hat Ihr Chef ganz bestimmt nichts.

Da beißt sich also gar nichts.

Führungsgrundsätze bringen doch nichts?

Wenn Sie den Begriff "Führungsgrundsätze" googeln, dann könnte man tatsächlich zu dieser Meinung gelangen. Neben Begriffsdefinitionen, Beratungsangeboten und wissenschaftlichen Artikeln werden Sie auch Führungsgrundsätze von diversen Unternehmen finden.

Aber:

1. Die Führungsgrundsätze sind in den meisten Unternehmen so allgemein und banal, dass sie nichts bewirken können: "Unsere Mitarbeiter sind unser größtes Kapital. Und so behandeln wir sie auch."

2. Mitunter gleichen sie platten Parolen, die kein Mensch ernst nimmt: "Unsere Führungskräfte sind Vorbilder und arbeiten Hand in Hand mit ihren Mitarbeitern und mit Ehrgeiz und Enthusiasmus für den Erfolg unseres Unternehmens." Uff!

3. Führungsgrundsätze sind nur dann gut, wenn sie ein beobachtbares Verhalten beschreiben, zu dem jeder Mitarbeiter sofort wahlweise sagen kann: Das macht mein Chef ganz toll. Im Großen und Ganzen okay. Könnte besser sein. Na, da ist noch reichlich Luft nach oben.

4. Selbst wenn vernünftige Führungsgrundsätze vorhanden sind, werden die Führungskräfte damit oft allein gelassen. Da steht dann zum Beispiel: "Begegnen Sie Ihren Mitarbeitern auf Augenhöhe." Das ist natürlich richtig. Aber was heißt das? Wie sollen Sie sich ganz konkret verhalten, um dem gerecht zu werden? Und wie sollen Sie sich auf gar keinen Fall verhalten?

5. Bei fast allen Führungsgrundsätzen spürt man sofort, dass sie ohne die Einbeziehung von Mitarbeitern entwickelt worden sind. Wenn Mitarbeiter ihre Sicht und ihre Argumente einbringen dürfen, dann sehen Führungsgrundsätze anders aus. Besser!

6. Ein weiteres Problem: Wo es Führungsgrundsätze gibt, kann kaum eine Führungskraft auch nur zwei oder drei davon nennen.

7. Selbst Führungsseminare helfen nur weiter, wenn sie auf einer klaren Führungsphilosophie beruhen. Denn die Führungsstile, die dort gepredigt werden, sind oft höchst unterschiedlich. Und dann nehmen die Teilnehmer nur das mit, was zu ihrem persönlichen Führungsverständnis, man könnte auch sagen – zu ihrem Weltbild – passt. Und nach kurzer Zeit haben sie selbst das wieder vergessen. Der Alltag wirft seinen Mantel darüber. Aber auch gegen das Vergessen kann man etwas tun.

8. Last but not least gibt es in den meisten Unternehmen zudem keinerlei Instrumente, um zu überprüfen, inwieweit die Führungsgrundsätze, wenn es sie denn gibt, tatsächlich gelebt werden. Mitarbeiterbeurteilungen sind weit verbreitet, die Vorgesetztenbeurteilung ist es noch nicht. Mehr dazu später.

Fazit:

Nach diversen Studien macht nur rund ein Drittel der Führungskräfte den Führungsjob wirklich gut. Bei allen anderen hat das dramatische Folgen für die Arbeitsfreude, die Motivation, das Engagement und die Leistungsbereitschaft ihrer Mitarbeiterinnen und Mitarbeiter. Schauen Sie sich die Studien an, die Sie im Literaturverzeichnis finden.

Ist ein Großteil der Führungskräfte also unfähig? Nein! In den meisten Unternehmen fehlt nur einfach eine umfassende und ganz konkrete Führungsphilosophie, die das gesamte Unternehmen wirklich durchdrungen hat.

Denn jede Führungskraft hat ein Recht darauf, genau zu wissen, was von ihr ganz konkret erwartet wird. Nur dann kann sie diesen Erwartungen auch gerecht werden. Klare und konkrete Führungsgrundsätze sind für eine starke Unternehmenskultur unverzichtbar.

Last but not least: Wo es Führungsgrundsäte gibt, sollte es auch klare Leitlinien für die Mitarbeiterinnen und Mitarbeiter geben (Seiten 71 bis 77).

Alles Selbstverständlichkeiten?

Gleich kommen die 33 Führungsgrundsätze. Wenn Sie beim Weiterblättern hin und wieder denken "Na, das sind doch Selbstverständlichkeiten, das mache ich doch alles" – dann fragen Sie sich einmal selbstkritisch Punkt für Punkt, ob Ihre Mitarbeiterinnen und Mitarbeiter das tatsächlich auch so sehen. Der Selbst-Check ab Seite 65 kann Ihnen dabei helfen. Selbstbild und Fremdbild sind nämlich oft alles andere als deckungsgleich. Ein Beispiel? Siehe Seite 8, dritter Absatz von unten.

Denken Sie bei jedem Grundsatz darüber nach, ob es etwas gibt, das Sie noch besser machen können. Ganz grundsätzlich gegenüber allen Mitarbeiterinnen und Mitarbeitern – aber ganz besonders gegenüber einzelnen Mitarbeitern, die Sie bisher vielleicht vernachlässigt haben.

Lesen Sie das ganze Buch zunächst einmal vollständig durch und wenden Sie sich erst dann den einzelnen Führungsgrundsätzen zu. Unter jedem Führungsgrundsatz finden Sie einen Tagestipp mit einem ganz konkreten Vorschlag, was Sie an diesem Tag tun sollten. Wenn es in dem Tipp darum geht, auf alle Mitarbeiter einzeln zuzugehen, dann werden Sie das an einem einzigen Tag kaum schaffen. Macht nichts! Machen Sie am nächsten Tag weiter. Auch Rom ist nicht an einem Tag erbaut worden.

Wenn Sie mit allen Grundsätzen durch sind, fangen Sie einfach wieder von vorne an. Mit der Zeit werden Ihnen alle Grundsätze in Fleisch und Blut übergehen. Und Sie werden eine (fast) perfekte Führungskraft sein.

Die Reihenfolge, in der Sie die Tagestipps umsetzen, bleibt Ihnen überlassen. Beginnen sollten Sie allerdings mit der Nr.1.

Die 33 Führungsgrundsätze – einer für jeden Tag

Führungsgrundsatz Nr. 1

„Gibt es irgendetwas, womit Sie nicht zufrieden sind? Gibt es etwas, was ich für Sie tun kann?"

Wenn Sie diese beiden Fragen zum ersten Mal stellen, werden Ihre Mitarbeiter voraussichtlich so perplex sein, dass ihnen nichts einfällt. Oder sie werden sich nicht trauen, offen zu sagen, was sie bewegt oder stört. Dann sollten Sie auf keinen Fall innerlich mit den Schultern zucken und sagen oder denken: "Na, prima, dann ist ja alles in Butter!" Sagen Sie:

"Ich meine das ernst. Ich will, dass Ihnen Ihre Arbeit so viel Spaß macht wie möglich. Denken Sie in Ruhe darüber nach: Gibt es irgendetwas, womit Sie nicht zufrieden sind? Gibt es irgendetwas, was ich für Sie tun kann? Ich kann Ihnen nicht versprechen, dass ich sofort eine Lösung parat habe. Ich kann Ihnen nicht einmal versprechen, dass wir eine Lösung finden. Aber ich verspreche Ihnen, dass ich mich mit allem, was Sie mir sagen, ernsthaft auseinandersetzen und gemeinsam mit Ihnen überlegen werde, ob es eine Lösung gibt und wie diese aussehen könnte. Also: Wann immer Sie etwas auf dem Herzen haben – bitte sprechen Sie mich an!"

Das Ziel: Räumen Sie, soweit möglich, alles aus dem Weg, was die Motivation und das Engagement Ihrer Mitarbeiter beeinträchtigt! Hasso Plattner, der Mitgründer des Global Players SAP, hat einmal gesagt: "Unternehmen können ihre Kunden nur glücklich machen, wenn auch ihre Mitarbeiter glücklich sind." Machen Sie Ihre Mitarbeiter glücklich!

Der Tipp zum Start:

Stellen Sie jedem Mitarbeiter und jeder Mitarbeiterin immer wieder einmal diese beiden Fragen und setzen Sie um, was möglich ist. Wenn etwas nicht möglich ist, dann begründen Sie das offen und ehrlich. Zum Beispiel, wenn die Kosten unvertretbar hoch wären, wenn die Realisierung die Arbeitsabläufe unzumutbar beeinträchtigen würde oder wenn es ungerecht gegenüber anderen Mitarbeitern wäre. Zum ersten Mal können Sie die beiden Fragen allen gemeinsam im nächsten Team-Meeting stellen.

Beachtung, Achtung & Wertschätzung

Führungsgrundsatz Nr. 2

Achten und beachten Sie jeden Mitarbeiter und jede Mitarbeiterin! Interessieren Sie sich für Ihre Mitarbeiter und für deren Arbeit.

Sie glauben gar nicht, wie viele Mitarbeiter sich nicht be-achtet fühlen. Von ge-achtet ganz zu schweigen.

Zunächst einmal geht es um die absoluten Basics: "Guten Morgen" und "Tschüss", "Bitte" und "Danke". Selbstverständlichkeiten? Leider nicht!

Wechseln Sie mit allen – wirklich mit allen – Mitarbeiterinnen und Mitarbeitern hin und wieder ein paar private Worte. Gehen Sie nicht nur mit anderen Führungskräften oder mit privaten Freunden in die Mittagspause, sondern zumindest hin und wieder reihum mit allen Mitarbeitern. Auch in großen Abteilungen sollten Sie möglichst alle Namen im Kopf haben und zumindest ungefähr wissen, wer für welche Aufgaben zuständig ist.

Versuchen Sie auch, das eine oder andere, was Sie im Laufe der Zeit über Ihre Mitarbeiter erfahren, im Gedächtnis zu behalten. Wenn Sie bei passender Gelegenheit zu erkennen geben, dass Sie selbstverständlich wissen, dass Frau Müller gern in die Toskana reist und Herr Meier als ehrenamtlicher Lesepate tätig ist, dann ist das eine glasklare Wertschätzung, die Sie damit signalisieren.

Tagestipp:

Setzen Sie sich hin und wieder für ein paar Minuten zu jedem Mitarbeiter und zu jeder Mitarbeiterin und zeigen Sie ihnen, dass Sie sie und ihre Arbeit achten und beachten. Lassen Sie sich schildern oder zeigen, was sie tun, wie es läuft, was sie gern tun, was sie weniger gern tun und was sie gern ändern würden. Fragen Sie ruhig auch mal ganz nebenbei, was sie für Hobbys haben oder wohin sie gern verreisen. Suchen Sie solche Gespräche nicht nur einmal, sondern hin und wieder einmal. Denn so zeigen Sie Ihren Mitarbeiterinnen und Mitarbeitern, dass Sie sie und ihre Arbeit achten und beachten.

Loben Sie, anerkennen Sie, wertschätzen Sie!

Es soll sie tatsächlich geben – Führungskräfte, die meinen: „Wenn ich nicht kritisiere, dann ist das Lob genug." Dem ist beileibe nicht so.

Wer freut sich nicht über ein ehrliches "Das haben Sie wirklich gut gemacht"? Oder gar über eine Schachtel "Merci" und einen Zettel auf dem Schreibtisch: "Ihr Vorschlag war toll. Danke!"

Aber Loben will gelernt sein. Loben Sie nicht für Selbstverständlichkeiten und für jede Kleinigkeit! Das nimmt niemand ernst und es bewirkt auch nichts. Loben sollten Sie immer dann, wenn jemand eine Aufgabe unerwartet gut, unerwartet schnell oder unerwartet ideenreich erledigt hat. Aber dann sollten Sie keinen Augenblick zögern: Loben Sie ihn oder sie! Unbedingt!

Und Anerkennung? Ein Lob ist in der Regel anlassbezogen: „Ihr Vorschlag war toll!" Anerkennung hingegen würdigt grundlegende Verhaltensweisen oder Eigenschaften: „Ihr Vorschlag war toll. Wo nehmen Sie bloß immer die Ideen her?" "Können Sie diesen Text bitte mal Korrektur lesen, Sie machen das besser als ich." Oder: "Sie haben das tatsächlich noch geschafft? Ich bin immer wieder baff, wie schnell Sie sind." Oder: "Danke! Sie sind wirklich die Zuverlässigkeit in Person!"

Anerkennung ist stärker als Lob! Spüren Sie den Unterschied?

Tagestipp:

Denken Sie heute einmal ganz besonders daran, Lob und vor allem Anerkennung zu verteilen, wann immer es gerechtfertigt ist. Und wenn es etwas gibt, was Sie an einem Mitarbeiter oder einer Mitarbeiterin ganz grundsätzlich schätzen, dann sagen Sie es ihm oder ihr. Nicht jeden Tag, jede Woche oder jeden Monat, aber immer wieder einmal. Zum ersten Mal am besten gleich heute.

Begegnen Sie Ihren Mitarbeiterinnen und Mitarbeitern auf Augenhöhe!

Was heißt das – Augenhöhe? Augenhöhe ist mehr als die Selbstverständlichkeit, Mitarbeiter nicht von oben herab zu behandeln. Auf Augenhöhe agieren Sie, wenn Sie die folgenden Punkte beachten: Ordnen Sie nicht einfach nur an! Argumentieren Sie, begründen Sie, überzeugen Sie! Fragen Sie Ihre Mitarbeiter nach ihrer Meinung und setzen Sie sich mit der Meinung Ihrer Mitarbeiter ernsthaft auseinander. Das ist Augenhöhe!

Das Ziel einer motivierenden Führungskraft sollte es sein, dass jeder Mitarbeiter in seinem speziellen Fachgebiet der Fachmann oder die Fachfrau schlechthin ist. Wenn ein Mitarbeiter oder eine Mitarbeiterin das (noch) nicht ist, dann sollten Sie alles daransetzen, dass sie dort hinkommen. Und wenn Ihr Mitarbeiter oder Ihre Mitarbeiterin dort angelangt ist, dann versteht sich die Augenhöhe ohnehin von selbst, oder?

Was Sie Ihren Mitarbeitern mit der Begegnung auf Augenhöhe zeigen, ist etwas unglaublich Wichtiges: Wertschätzung!

Wertschätzung ist noch mehr als Lob oder Anerkennung. Es ist der von einer momentanen Leistung oder einem momentanen Verhalten unabhängige, generelle Respekt gegenüber einer Person, ihren Ansichten und Meinungen. Sie müssen die Ansichten und Meinungen dieser Person nicht immer teilen. Aber wertschätzend verhalten Sie sich, wenn Sie die Person, ihre Ansichten und Meinungen ernst nehmen und bereit sind, sich mit ihnen auseinanderzusetzen.

Tagestipp:

Ordnen Sie nicht einfach an. Argumentieren Sie. Begründen Sie. Überzeugen Sie. Hören Sie zu. Nehmen Sie Anregungen und Bedenken ernst. Überlegen Sie, ob es gleich heute etwas gibt, zu dem Sie einen Mitarbeiter oder eine Mitarbeiterin nach seiner / ihrer Meinung fragen können.

Öffnen Sie Ihre Ohren für die großen und kleinen Probleme Ihrer Mitarbeiter! Nehmen Sie sich Zeit! Hören Sie zu! Und versuchen Sie, gemeinsam mit der Mitarbeiterin oder dem Mitarbeiter eine Lösung zu finden.

Führungskräfte haben nie Zeit, das ist schon klar. Aber es hilft alles nichts – wenn ein Mitarbeiter mit einem Problem, das seine Arbeit behindert, zu Ihnen kommt, dann müssen Sie sich die Zeit, die Sie nicht haben, nehmen.

Andererseits sind Sie keineswegs dafür zuständig, Ihren Mitarbeitern das Denken abzunehmen. Wenn Ihr Mitarbeiter "Hilfe" schreit, dann müssen Sie nicht gleich ins Wasser springen. Sie können Ihrem Mitarbeiter zunächst einen Rettungsring zuwerfen, ihn also bitten, sich erst einmal selbst Gedanken zu machen, wie sich das Problem, mit dem er zu Ihnen gekommen ist, lösen lassen könnte.

Letztlich sollten Sie natürlich alles daransetzen, Ihren Mitarbeiter bei der Lösung seines Problems zu unterstützen. Gegebenenfalls sollten Sie aber auch offen sagen und begründen, wenn es aus Ihrer Sicht keine zufriedenstellende Lösung gibt. Wenn Ihr Mitarbeiter spürt, dass Sie ihn nicht nur abwimmeln, sondern ihn einbezogen und wirklich ernsthaft über eine Lösung nachgedacht haben, dann wird er Ihre Entscheidung im Allgemeinen akzeptieren.

Tagestipp:

Wenn Ihre Mitarbeiter nicht zu Ihnen kommen, dann werden Sie hin und wieder selbst aktiv: Siehe Führungsgrundsatz Nr. 1.

Nehmen Sie Ihre Mitarbeiter ernst!

Beziehen Sie Ihre Mitarbeiter auch bei Entscheidungen ein.

Ganz gleich, ob Sie eine Entscheidung selbst getroffen haben oder ob Sie sie „nur" verkünden müssen: Ihre Mitarbeiter haben einen Anspruch darauf, dass Sie jede Entscheidung so offen und ehrlich wie möglich begründen. Und vor allem haben sie einen Anspruch darauf, dass Sie sich mit eventuellen Bedenken oder Anregungen ernsthaft auseinandersetzen und diese, wenn sie berechtigt sind, ggf. auch weitergeben. Damit sind wir auch hier wieder bei der so überaus wichtigen Wertschätzung.

Wenn Sie motivierte, engagierte, mitdenkende und leistungswillige Mitarbeiter haben wollen, dann müssen Sie Ihre Mitarbeiter ernst nehmen. Es sind keine kleinen Kinder, sondern erwachsene Menschen, die sich in ihrer Freizeit in Vereinen oder als Lesepaten engagieren, Reisen planen, Kinder erziehen, Häuser bauen, Umzüge organisieren oder vielleicht sogar Kinderbücher schreiben.

Tagestipp:

Begründen Sie alle Entscheidungen so offen und ehrlich wie möglich. Fragen Sie Ihre Mitarbeiterinnen und Mitarbeiter aktiv nach ihrer Meinung Nehmen Sie Anregungen, Ideen, aber auch Bedenken ernst und setzen Sie sich ernsthaft mit ihnen auseinander. Achten Sie heute einmal ganz besonders darauf.

Versprechen Sie nichts, was Sie nicht halten können oder wollen!

"Ja, ich kümmere mich darum" ist schnell dahingesagt. Ob es dabei um die Bitte eines Mitarbeiters geht, seinen Urlaub zu verschieben, um die Nachfrage bei der Allgemeinen Verwaltung wegen des neuen Bürostuhls für den malträtierten Rücken des Mitarbeiters, um die Zusage, mit der Personalabteilung über eine Höherstufung zu sprechen oder um einen Termin für ein Gespräch, das sich eine Mitarbeiterin von Ihnen wünscht.

Verlässlichkeit ist eine große Tugend, denn sie schafft Vertrauen. Wenn Zusagen nicht eingehalten werden, dann wird dieses Vertrauen zerstört. Die Folgen: Enttäuschung, Frust, Ärger und das Gefühl nicht ernst genommen zu werden.

Wenn Sie ein Versprechen nicht halten, dann signalisieren Sie damit zweierlei: Erstens: "Deine Probleme sind mir nicht wichtig." Und zweitens: "Du bist mir nicht wichtig."

Es ist besser, ein Versprechen gar nicht erst zu geben, als es nicht einzuhalten. Und wenn Sie doch einmal etwas vergessen haben, dann entschuldigen Sie sich: offen, ehrlich, aufrichtig und glaubwürdig.

Tagestipp:

Halten Sie Zusagen ein. Überlegen Sie: Sind Sie gegenüber einem Mitarbeiter oder einer Mitarbeiterin im Hinblick auf ein Versprechen noch etwas schuldig?

Übertragen Sie Ihren Mitarbeitern so viel Verantwortung und Entscheidungsbefugnisse wie möglich!

Zunächst einmal müssen Sie herausfinden, ob der Mitarbeiter das will. Manch einer legt keinen Wert darauf, Verantwortung zu übernehmen und Entscheidungen zu treffen. Bevor etwas danebengeht, sollten Sie das akzeptieren. Es sei denn, bei dem betreffenden Job gehören Verantwortung und Entscheidungsbefugnisse unabdingbar dazu. Dann wäre der Mitarbeiter, wenn er das nicht will, schlicht am falschen Platz.

Aber die meisten Mitarbeiterinnen und Mitarbeiter wünschen sich Verantwortung und Entscheidungsbefugnisse. Gewähren Sie ihnen so viel Freiheit wie möglich! Am Anfang müssen Sie in dem einen oder anderen Fall vielleicht ein wenig Geduld haben. Aber wenn es klappt, dann haben Sie zufriedenere Mitarbeiter – und selbst den Freiraum, sich um andere Dinge zu kümmern. Zum Beispiel, um mal eben zum Bäcker zu gehen und eine Runde Kuchen auszugeben.

Verantwortung und Entscheidungsbefugnisse zu übertragen, ist praktizierte Wertschätzung.

Tagestipp:

Gehen Sie aktiv auf Ihre Mitarbeiter zu! Fragen Sie sie, ob es Dinge gibt, die sie künftig gern selbst entscheiden würden. Setzen Sie das Thema auf die Tagesordnung der nächsten Abteilungsbesprechung und fordern Sie Ihre Mitarbeiter auf, bei entsprechenden Wünschen auf Sie zuzukommen.

Nichts ist so gut, dass man es nicht noch besser machen kann.

Regen Sie Ihre Mitarbeiterinnen und Mitarbeiter dazu an, immer wieder über ihre Arbeit nachzudenken:

1. Was sind meine Aufgaben?
2. Was sind die einzelnen Arbeitsschritte jeder Aufgabe?
3. Was frisst besonders viel Zeit?
4. Wo kann man Kosten einsparen?
5. Wer braucht das eigentlich, was ich mache?
6. Wozu braucht er das?
7. Was kann wegfallen?
8. Was kann man anders / einfacher machen?
9. Was kann (sinnvollerweise) ein anderer machen?
10. Wo hakt der Arbeitsablauf?
11. Wo hakt der Arbeitsablauf bei anderen?
12. Welche Regeln / Vorschriften behindern den Arbeitsablauf?
13. Wer oder was stört mich sonst noch bei meiner Arbeit?

Allein diese dreizehn Fragen fördern mitunter erstaunliche Antworten und praktikable Ideen zu Tage.

Tagestipp:

Sprechen Sie das Thema beim nächsten Meeting an. Kopieren Sie diese Seite und geben Sie jedem Mitarbeiter und jeder Mitarbeiterin ein Exemplar. Sagen Sie Ihren Mitarbeitern und Mitarbeiterinnen, dass jede Idee willkommen ist. Seien Sie nicht enttäuscht, wenn Sie nicht gleich mit Vorschlägen überschüttet werden; sprechen Sie das Thema stattdessen immer wieder einmal an. Steter Tropfen höhlt den Stein. Überlegen Sie, ob es sinnvoll sein könnte, hier einmal die Idee der Mini-Workshops zu testen. Siehe Seite 79 uff.

Kontrollieren Sie so wenig wie möglich!

Klipp und klar: Ihr Ziel sollte es sein, dass Sie Ihre Mitarbeiterinnen und Mitarbeiter gar nicht kontrollieren müssen. Machen Sie Ihre Mitarbeiter fit für ihre Aufgaben, räumen Sie soweit möglich alles aus dem Weg, was sie demotivieren oder ihre Arbeit behindern könnte – und lassen Sie sie dann erst einmal machen.

Trauen Sie Ihren Mitarbeiterinnen und Mitarbeitern etwas zu!

Das Ziel ist klar. Klar ist aber auch, dass Sie auf Kontrolle erst verzichten können, wenn Sie sicher sind, dass sie nicht notwendig ist.

Tagestipp:

Prüfen Sie: Wo und bei wem können Sie auf die Kontrolle verzichten oder sie zumindest verringern? Wenn Sie etwas finden, dann sprechen Sie den Mitarbeiter an. Sagen Sie ihm, dass er seine Arbeit so gut und zuverlässig macht, dass Sie künftig in dem betreffenden Punkt auf eine Kontrolle verzichten werden. Auch das ist eine klare Wertschätzung.

**Machen Sie klare Ansagen,
aber unterstützen Sie Ihre Mitarbeiter auch
bei ihrer Arbeit!**

Sorgen Sie dafür, dass allen Mitarbeitern ihre Aufgaben wirklich klar sind.

Viele Führungskräfte lassen das leider schleifen. Sie nörgeln zwar immer wieder an den Leistungen oder am Verhalten des einen oder anderen Mitarbeiters herum, aber sie versäumen es, klipp und klar zu sagen, was sie eigentlich ganz genau von ihren Mitarbeiterinnen und Mitarbeitern erwarten.

Nehmen Sie sich bei allen Aufgaben, die Sie einem Mitarbeiter übertragen, die Zeit, um die Aufgabe so zu beschreiben, dass sie ihm restlos klar ist,

Eine klare Aufgabenstellung ist die unabdingbare Voraussetzung dafür, dass ein Mitarbeiter seine Aufgaben so erfüllen kann, wie Sie es von ihm erwarten. Bei Aufgaben, die komplexer sind, ist es oft hilfreich, wenn Sie ein kleines Briefing erstellen, das kurz und knackig zum Beispiel folgende Punkte beschreibt:

- Die Ausgangssituation
- Das Ziel
- Die konkrete Aufgabe
- Was ist zu beachten?
- Termine

Geben Sie Ihren Mitarbeitern die Gelegenheit, jederzeit Fragen zu stellen – bei der Auftragserteilung, aber auch danach. Nehmen Sie sich die Zeit, diese zu beantworten. Jede Minute, die Sie dort investieren, lohnt sich.

Tagestipp:

Probieren Sie die Idee mit dem Briefing bei dem nächsten passenden Projekt einfach einmal aus. Passen Sie das Briefing ggf. den Aufgaben entsprechend an.

Der „So-macht-die-Arbeit-Spaß-Knigge". Verteilen Sie ihn an Ihre Mitarbeiterinnen und Mitarbeiter!

Das Arbeitsklima, also der persönliche und fachliche Umgang miteinander, ist nach nahezu allen Studien, noch vor dem Gehalt, den Aufgaben und den Arbeitsbedingungen, der wichtigste Faktor dafür, dass wir nicht schon am Montagmorgen denken: „Lieber Gott, bitte lass es Freitag werden."

Je wohler wir uns an unserem Arbeitsplatz fühlen, mit desto mehr Arbeitsfreude, Motivation und Engagement machen wir unseren Job.

Ihr Verhalten als Führungskraft ist zweifellos von überragender Bedeutung dafür, wie gern Ihre Mitarbeiterinnen und Mitarbeiter jeden Morgen zur Arbeit kommen und wie viel Freude sie an ihrer Arbeit haben.

Aber wenn eine Unternehmenskultur entstehen soll, in der es Spaß macht, zu arbeiten, dann sind natürlich nicht nur die Führungskräfte, sondern auch alle anderen Mitarbeiterinnen und Mitarbeiter gefordert.

Um deutlich zu machen, dass jede Mitarbeiterin und jeder Mitarbeiter etwas dazu beitragen muss, haben wir in speziellen Seminaren den „So-macht-die-Arbeit-Spaß-Knigge" entwickelt, der allen Mitarbeiterinnen und Mitarbeitern als Leitlinie dienen sollte. Sie finden ihn auf den Seiten 73 bis 77.

Tagestipp:

Verteilen Sie den „So-macht-die-Arbeit-Spaß-Knigge" an Ihre Mitarbeiterinnen und Mitarbeiter! Mehr dazu auf der Seite 72.

Informieren Sie Ihre Mitarbeiter über alles, was wichtig ist.

Das ist nun wirklich selbstverständlich, oder? Soweit es um Informationen geht, die der Mitarbeiter direkt zur Erledigung seiner Aufgaben benötigt, sollte dies in der Tat selbstverständlich sein.

Aber Sie können mehr tun: Informieren Sie Ihre Mitarbeiter, soweit etwas nicht strikten Verschwiegenheitspflichten unterliegt, stets auch über wichtige oder interessante Dinge und Entwicklungen, die in Ihrem Unternehmen passieren. Im Allgemeinen erfahren Sie als Führungskraft mehr als Ihre Mitarbeiter und Sie erfahren es früher. Ob es um das geplante Projekt "Digitalisierung" geht oder um den neuen Kantinenpächter.

Auch die aktive Information ist ein Zeichen der Wertschätzung gegenüber Ihren Mitarbeitern. Was glauben Sie, wie toll es sich für Ihre Mitarbeiter und Mitarbeiterinnen anfühlt, wenn sie immer zu denen gehören, die am besten informiert sind!

Tagestipp:

Überlegen Sie: Gibt es in Ihrem Unternehmen aktuell etwas, das Ihre Mitarbeiter interessieren könnte und worüber Sie sprechen dürfen? Dann tun Sie es!

Achten Sie darauf, Ihre Mitarbeiter weder zu überfordern, noch zu unterfordern.

Wenn ein Mitarbeiter permanent unterfordert ist, dann lassen Sie Potenziale brachliegen – und das ist für kein Unternehmen akzeptabel. Wenn ein Mitarbeiter ständig überfordert ist, dann wird irgendwann die Qualität leiden – oder der Mitarbeiter. Die Folgen: Frust, verminderte Leistungsbereitschaft, viel Stöhnen – wenig Output, Flucht in die Krankheit, tatsächliche Krankheit, Langzeiterkrankung. Oder der Mitarbeiter kündigt.

Aber was können Sie tun? Die Arbeit wird ja nicht weniger. Zunächst einmal sollten Sie Ihren Mitarbeitern dabei helfen, an jedem einzelnen Arbeitsplatz intensiv nach Möglichkeiten der Optimierung zu suchen – siehe Führungsgrundsatz Nr. 9. Eine oft sehr gute Maßnahme zur Optimierung von Arbeitsabläufen sind auch die ab Seite 79 beschriebenen Mini-Workshops unter – abteilungsübergreifender – Einbeziehung aller am jeweiligen Arbeitsprozess beteiligten Mitarbeiterinnen und Mitarbeiter.

Außerdem sollten Sie prüfen: Ist der Mitarbeiter fit für seine Aufgaben? Braucht er eine Weiterbildung? Sind wirklich alle Mitarbeiter ausgelastet? Hat jemand Freiräume und kann – zumindest temporär – helfen?

Dass Sie sich gut vorbereitet und mit guten Argumenten beharrlich für eine angemessene Personalausstattung einsetzen, sollte selbstverständlich sein. Aber wir alle wissen, dass dem mitunter unternehmerische Interessen oder andere Hindernisse entgegenstehen: Fachkräftemangel, der Krankenstand, vorgegebene Benchmarks, ein restriktives Budget u.a.

Tagestipp:

Überlegen Sie, wer überfordert sein könnte und versuchen Sie, Abhilfe zu schaffen. Zugegeben: Sie können nur das tun, was in Ihrer Macht liegt. Aber Ihre Mitarbeiterinnen und Mitarbeiter müssen spüren, dass Sie genau das mit aller Macht tun.

Berücksichtigen Sie bei der Aufgabenverteilung die Stärken, Schwächen und Interessen Ihrer Mitarbeiter!

Neben dem Arbeitsklima, oft noch vor dem Gehalt, sind es die Aufgaben, die unseren Spaß an der Arbeit, unsere Motivation, unser Engagement und unsere Leistungsbereitschaft am stärksten beeinflussen.

Klar, auch Aufgaben, die keinen Spaß machen, müssen erledigt werden. Die Aufgaben können Sie in der Regel nicht ändern, wohl aber können Sie über die Aufgabenverteilung und über die Aufgabengestaltung nachdenken.

Gibt es Arbeitsabläufe, die der Mitarbeiter gern anders gestalten würde? Hat er den Freiraum dazu? Gibt es Dinge, die er gern selbst entscheiden würde? Stehen ihm alle Informationen zur Verfügung, die er braucht? Könnte ihm eine Fortbildung helfen? Sind die Arbeitsaufträge klar und eindeutig formuliert? Weiß er genau, was von ihm erwartet wird? Kann und will er zusätzliche Aufgaben übernehmen? Kann er Aufgaben abgeben? Kann man die Aufgaben und Zuständigkeiten anders organisieren? Hat der Mitarbeiter überhaupt den für ihn richtigen Arbeitsplatz? Wäre ein anderer Arbeitsplatz besser für ihn?

Denken Sie daran: In aller Regel machen die Menschen die Dinge am besten, die sie gern machen.

Tagestipp:

Fragen Sie Ihre Mitarbeiter beim nächsten Abteilungsmeeting mal wieder, ob es bei ihren Aufgaben etwas gibt, das sie gern anders hätten und fordern Sie sie auf, sich ggf. bei Ihnen zu melden.

Fördern Sie Ihre Mitarbeiter!

Unterstützen Sie Ihre Mitarbeiter dabei, die Fähigkeiten zu erwerben, die sie für ihren Job brauchen!

Natürlich sollten Sie Ihren Mitarbeitern die Teilnahme an weiterbildenden Maßnahmen ermöglichen. Aber Mitarbeiter fit für ihren Job zu machen, fängt viel "kleiner" an. Sagen Sie allen Mitarbeitern, dass sie fragen und um Hilfe bitten sollen, wann immer sie etwas nicht verstehen, etwas nicht können, nicht wissen, wie etwas geht.

Wie heißt es im berühmten Lied der Sesamstraße: "Wer, wie, was, wieso, weshalb, warum – wer nicht fragt, bleibt dumm!"

Viele Mitarbeiter wursteln sich lieber durch, als zu fragen – weil sie Angst haben, für dumm gehalten zu werden. Nehmen Sie ihnen diese Angst! Zu fragen, ist niemals dumm. Dumm sind nur dumme Antworten.

Machen Sie Ihren Mitarbeitern deutlich, dass es selbstverständlich sein muss, sich gegenseitig zu helfen – auch über die formale Zuständigkeit hinaus.

Eines allerdings dürfen und müssen Sie auch von jedem Mitarbeiter erwarten: das "Wollen" – die Bereitschaft, wo immer möglich auch selbst etwas für die Weiterbildung zu tun (siehe auch Führungsgrundsatz Nr. 20).

Tagestipp:

Sprechen Sie das Thema der gegenseitigen Hilfe und Unterstützung beim nächsten Meeting an. Es ist wichtig, dass Ihre Mitarbeiterinnen und Mitarbeiter wissen, was Sie von ihnen erwarten. Auch im Hinblick auf gegenseitige Unterstützung und Hilfe.

Fördern Sie Ihre Mitarbeiter! Fragen Sie Ihre Mitarbeiter nach ihren beruflichen Plänen und Zielen und unterstützen Sie sie dabei, diese zu erreichen!

Niemand erwartet, dass Sie begeistert sind, wenn ausgerechnet Ihre beste Mitarbeiterin innerhalb des Unternehmens wechseln will.

Und doch sollten Sie das nicht nur tolerieren, sondern sie – wenn es für die Mitarbeiterin und für Ihr Unternehmen Sinn macht – bei der Erreichung ihrer Ziele aktiv unterstützen.

Zum einen kann man Reisewillige meist ohnehin nicht aufhalten, zum anderen ist es für jedes Unternehmen unverzichtbar, die besten Leute zu fördern und ihnen Perspektiven zu bieten. Denn sonst sind sie über kurz oder lang weg. Das nach Möglichkeit zu verhindern, ist eine Ihrer Führungsaufgaben.

Tagestipp:

Fragen Sie Ihre Mitarbeiter nach und nach reihum nach ihren beruflichen Plänen und Zielen und unterstützen Sie sie dabei, diese zu erreichen! Ein Wort zum Trost: Je besser Sie als Chef oder Chefin sind, desto geringer werden die Abwanderungswünsche Ihrer Mitarbeiter und Mitarbeiterinnen sein.

Setzen Sie sich für berechtigte Wünsche und Bedürfnisse Ihrer Mitarbeiter ein!

Ein guter Chef ist immer auch ein bisschen der Kummerkasten seiner Abteilung und der Interessenvertreter seiner Mitarbeiter. Ob es um die Sonnenjalousie geht, die das Büro auf akzeptablen Temperaturen hält, um zwei Freistunden für einen häuslichen Handwerkertermin oder um eine gerechte Bezahlung.

Nicht alles können Sie vermutlich selbst entscheiden, aber Ihre Mitarbeiter dürfen von Ihnen erwarten, dass Sie sich für ihre berechtigten Interessen einsetzen.

Aber was ist ein berechtigtes Interesse?

Zunächst einmal müssen Sie davon ausgehen, dass der Mitarbeiter jeden Wunsch, den er Ihnen vorträgt, für berechtigt hält. Aber darf er deshalb von Ihnen erwarten, dass Sie diesen Wunsch vorbehaltlos unterstützen oder gar erfüllen? Nein, das darf er nicht. Die meisten Mitarbeiter erwarten das auch nicht.

Zu Recht dürfen Ihre Mitarbeiter aber erwarten, dass Sie sich mit ihren Wünschen ernsthaft auseinandersetzen und sie unterstützen, wenn aus Sicht des Unternehmens keine gravierenden Gründe dagegensprechen: zum Beispiel eine Störung der Arbeitsabläufe, unvertretbar hohe Kosten oder eine ungerechte Bevorzugung des Mitarbeiters gegenüber anderen.

Tagestipp:

Fragen Sie Ihre Mitarbeiterinnen und Mitarbeiter immer wieder einmal nach ihren Wünschen. Fragen Sie, was sie sich wünschen würden, wenn sie zwei Wünsche frei hätten. Versuchen Sie, alles zu realisieren, was nicht den Interessen des Unternehmens entgegensteht oder Ungerechtigkeiten gegenüber anderen Mitarbeitern hervorrufen würde. Machen Sie Ihre Mitarbeiter glücklich!

**Auch Konflikte zu managen,
gehört zu Ihren Aufgaben.**

Üben Sie sich in der "Kunst des Kritisierens"!

Es gibt keinen Menschen, der nicht hin und wieder einen Fehler macht. Dann ist es unumgänglich, diesen Fehler offen anzusprechen. Ohne eine Rückmeldung, wenn wir etwas falsch gemacht haben, können wir uns nicht weiterentwickeln. Feedback ist unverzichtbar und nichts Böses. Trotzdem reagieren die meisten Menschen auf Kritik fast automatisch mit Gegenwehr und sind sofort bestrebt, sich zu verteidigen. Das sollten Sie bei Ihrem Verhalten berücksichtigen.

- Achten Sie darauf, den anderen nicht zu verletzen oder zu kränken.

- Seien Sie konkret: Sagen Sie möglichst genau, was Sie stört: "Bei Ihrer Präsentation habe ich Folgendes vermisst: ..."

- Wenn möglich, ergänzen Sie etwas Positives: "Gut gefallen hat mir hingegen, dass (...)."

- Wenn Sie dann noch hinzufügen: "Ganz ehrlich – auf Ihre Idee zum Einstieg in das Thema wäre ich nicht gekommen. Toll!", dann wird Ihr Mitarbeiter auf Wolken schweben und mit noch mehr Motivation an seine Arbeit gehen.

- Kritisieren Sie stets nur das Verhalten oder die Sache, nicht die Person: "Ihre Präsentation war aus meiner Sicht in folgenden Punkten unvollständig." Nicht: "Können Sie nicht endlich mal eine vernünftige Präsentation abliefern!?"

- Verallgemeinern Sie nicht: "Nie kann man sich auf Sie verlassen..."

- Denken Sie daran: Wer Kritik austeilt, muss Kritik auch aushalten.

Tagestipp:

Am Allerwichtigsten: Hören Sie stets die Argumente des Kritisierten an und prüfen Sie, ob er nicht in dem einen oder anderen Punkt recht hat.

Nörgeln Sie nicht einfach nur herum, wenn Sie mit den Leistungen eines Mitarbeiters nicht zufrieden sind!

Nörgeln bringt weder Sie noch Ihren Mitarbeiter weiter. Für gute Leistungen gibt es drei Faktoren: Wissen. Können. Wollen.

Das Wissen beschreibt die Fähigkeit, etwas grundsätzlich zu können – also das Fach- und Methoden-Know-how. Das Können beschreibt die Umstände, unter denen die Aufgabe erledigt werden muss: War der Termin zu eng? War die Aufgabenbeschreibung unklar? Ist etwas dazwischengekommen?

In beiden Fällen sind Sie gefragt! Nehmen Sie sich Zeit für ein ausführliches Gespräch und überlegen Sie gemeinsam mit Ihrem Mitarbeiter oder Ihrer Mitarbeiterin, was zu tun ist. Es Ihre Aufgabe als Führungskraft, dafür zu sorgen, dass das Wissen vorhanden ist oder erworben werden kann und dass die Bedingungen, unter denen die Leistung erbracht werden soll, das auch zulassen.

Wenn es allerdings am Wollen hapert, wenn der Mitarbeiter nicht bereit ist, das notwendige Wissen zu erwerben oder wenn der Mitarbeiter widrige Umstände nur vorschiebt, dann ist es Zeit für ein ernsthaftes Gespräch mit ihm.

Tagestipp:

Setzen Sie sich mit Mitarbeiterinnen und Mitarbeitern, mit deren Leistung Sie nicht zufrieden sind, zusammen und überlegen Sie gemeinsam, ob und wie sich das ändern lassen könnte. Beachten Sie dabei auch die Führungsgrundsätze Nr. 19 und 21.

Bändigen Sie Ihre Problembären!

Es gibt sie nun mal – die Bequemen, die Unzuverlässigen, die ständigen Nörgler, die Teamunfähigen, die Blender, die Drückeberger, die notorischen Bedenkenträger und andere "Problembären", die das Arbeits- und Leistungsklima beeinträchtigen.

Wenn Sie einen Problembären in Ihrer Abteilung haben, dann sollten Sie ihm ganz besonders deutlich sagen, was Sie von ihm erwarten. Versuchen Sie aber auch, dem Problembären Aufgaben zu übertragen, die ihm so viel Spaß machen wie möglich und die seinem Naturell so gut wie möglich entsprechen. Versuchen Sie darüber hinaus, alles aus dem Weg zu räumen, was ihm den Spaß an der Arbeit verdirbt.

Auch der größte Drückeberger wird sich ein bisschen weniger drücken, wenn ihm die Aufgabe Spaß macht und wenn das Umfeld stimmt. Der notorischste Bedenkenträger wird weniger Bedenken vorbringen, wenn er seine Aufgabe mitgestalten kann. Der Faule wird weniger faul sein, wenn er einen Job hat, den er gerne macht.

Fragen Sie den Problembären, wie er sich seinen Traumjob vorstellt. Fragen Sie ihn, was Sie tun können, damit ihm seine Arbeit mehr Spaß macht. Nehmen Sie sich Zeit. Nehmen Sie ihn ernst. Versuchen Sie ernsthaft, Ihrem Problembären zu helfen. Achten Sie ihn. Beachten Sie ihn. Schauen Sie, welche Stärken er hat. So mancher Problembär wird bald deutlich weniger brummen.

Und wenn das alles nicht hilft? Dann dürfen Sie ohne schlechtes Gewissen alles daransetzen, Ihren Problembären loszuwerden.

Tagestipp:

Wenn es bei Ihnen einen Problembären gibt, dann vereinbaren Sie mit ihm einen Gesprächstermin!

Seien Sie so gerecht wie möglich!

Achten Sie darauf, niemanden zu bevorzugen oder zu benachteiligen.

Es gibt Abteilungen, in denen finden einige Mitarbeiter das Arbeitsklima ganz toll, während andere hochgradig unzufrieden sind. In nahezu allen Fällen ist das die Folge einer Ungleichbehandlung – meistens durch den Chef oder die Chefin.

Der Chef achtet und beachtet die einen mehr als die anderen. Mit den einen geht er regelmäßig in die Kantine, die anderen lässt er eher links liegen. Bei den einen interessiert er sich für deren Arbeit sehr stark, bei anderen nur mäßig. Die einen erhalten regelmäßig Anerkennung und Wertschätzung, die anderen selten oder gar nicht. Den einen gibt er das Gefühl, dass ihre Arbeit wichtig ist, die anderen lässt er mehr oder weniger vor sich hin werkeln. Gegenüber den einen argumentiert und begründet er, die anderen weist er an.

Kein Mensch ist davor gefeit, einem Menschen, der ihm sympathisch ist, wohlwollender gegenüberzustehen als einem, der ihm weniger sympathisch ist. Eine Ihrer schwierigsten, aber auch wichtigsten Aufgaben als Führungskraft ist es, die sich daraus oft ergebende Ungleichbehandlung auf ein Minimum zu reduzieren.

Versuchen Sie mit aller Kraft, die Leistung und das Verhalten Ihrer Mitarbeiterinnen und Mitarbeiter so sympathieunabhängig und objektiv wie möglich zu bewerten und alle Mitarbeiter gleichermaßen zu beachten. Es ist ein Kampf, den Sie jeden Tag neu mit sich austragen müssen. Aber im Hinblick auf das Engagement und die Motivation der zu wenig beachteten Mitarbeiterinnen und Mitarbeiter ist er unverzichtbar.

Tagestipp:

Überlegen Sie, wer sich benachteiligt fühlen könnte. Achten Sie ab sofort ganz besonders darauf, diesem Eindruck entgegenzuwirken.

Setzen Sie sich für eine leistungsgerechte Bezahlung Ihrer Mitarbeiter ein!

Die Bezahlung ist ein heikles Thema, denn nahezu jedes Unternehmen muss, allein schon aus Wettbewerbsgründen, bestrebt sein, nicht nur die Sachkosten, sondern auch die Personalkosten im Griff zu behalten – freilich ohne die Unzufriedenheit der Mitarbeiter so groß werden zu lassen, dass sie sich auf die Qualität ihrer Arbeit auswirkt oder dass sie vielleicht sogar kündigen. Eine Gratwanderung!

Dennoch: Sie sind dafür verantwortlich, im Rahmen Ihrer Möglichkeiten dafür zu sorgen, dass alle Mitarbeiter leistungsgerecht bezahlt werden, dass sie also korrekt eingestuft sind und dass diejenigen, die eine gleichwertige Arbeit gleich gut machen, auch annähernd das Gleiche verdienen. Ein als deutlich ungerecht empfundenes Gehalt ist ein Motivationskiller erster Ordnung.

Wenn eine Mitarbeiterin tatsächlich zu gering bezahlt wird, dann müssen Sie sich dafür einsetzen, dass das geändert wird. Wenn sie aus Ihrer Sicht gerecht eingestuft ist, dann müssen Sie ihr das klipp und klar sagen – und es begründen. Und ihr nach Möglichkeit aufzeigen, was sie tun kann oder muss, um weiterzukommen. Dass Sie an manchen Dingen wie zum Beispiel Arbeitsplatzbeschreibungen oder Alters- bzw. Erfahrungsstufen im Tarifvertrag nicht vorbeikommen – das weiß der Mitarbeiter oder die Mitarbeiterin in aller Regel selbst.

Tagestipp:

Sprechen Sie die Themen „Gehalt", „Erwartungen des Mitarbeiters" und „Entwicklungsmöglichkeiten" aktiv und offen mit jedem Mitarbeiter und jeder Mitarbeiterin durch. Das ist viel besser, als wenn es bei dem einen oder anderen im Stillen brodelt. Denn das vermindert die Leistungsbereitschaft ganz erheblich.

Seien Sie Vorbild!

Seien Sie Vorbild – menschlich, fachlich und moralisch!

Sie müssen nicht perfekt sein. Auch ein Vorbild hat Stärken und Schwächen und macht hin und wieder Fehler. Das dürfen Sie selbstverständlich auch für sich in Anspruch nehmen. Was Ihre Mitarbeiter aber von Ihnen als Führungskraft erwarten dürfen, ist, dass Sie an Ihre Mitarbeiterinnen und Mitarbeiter nicht strengere Maßstäbe anlegen als an sich selbst. "Wasser predigen und Wein trinken" – das geht gar nicht.

In menschlicher Hinsicht ist alles bestens, wenn Sie sich an die Führungsgrundsätze aus diesem Buch halten. Fachlich müssen Sie keineswegs besser sein als es jeder Mitarbeiter auf seinem Fachgebiet ist. Aber natürlich müssen Sie die Arbeit jedes Mitarbeiters und jeder Mitarbeiterin kompetent beurteilen können und – als Vorbild – Ihre eigene Arbeit vorbildlich erledigen.

Bleibt noch das moralische Vorbild: Erwarten Sie nicht, dass Ihre Mitarbeiter ihre Pausen minutengenau einhalten, wenn Sie selbst diese regelmäßig überziehen. Sie können keine Werbegeschenke Ihres Unternehmens für den nächsten Kindergeburtstag mit nach Hause nehmen und erwarten, dass Ihre Mitarbeiter das auf keinen Fall tun. Sie sollten selbstverständlich auf gar keinen Fall die Arbeit Ihrer Mitarbeiter als die eigene verkaufen.

Und es gibt noch etwas, was Vorbilder gut können sollten. Sie sollten kein Problem damit haben, Fehler zuzugeben und sich dafür zu entschuldigen.

Tagestipp:

"Wasser predigen und Wein trinken" – das geht gar nicht. Gibt es Bereiche, in denen Sie von einem Mitarbeiter oder einer Mitarbeiterin mehr erwarten, als von sich selbst? Stellen Sie das ab!

Reißen Sie Ihre Mitarbeiterinnen und Mitarbeiter mit! Zeigen Sie, dass Sie selbst Spaß an Ihrer Arbeit haben, denn damit motivieren und begeistern Sie auch Ihre Mitarbeiter.

Das kann man leider nicht erzwingen. Wenn Sie selbst keinen Spaß an Ihrer Arbeit haben, dann werden Sie es auf Dauer nicht durchhalten, Ihren Mitarbeitern etwas vorzuspielen.

Wenn Sie immer wieder auf den "Scheißladen" und auf "die da oben" schimpfen, wenn Sie sich über vermeintlich oder tatsächlich unsinnige Entscheidungen aufregen, über zu viel Arbeit und nichtsnutzige Meetings stöhnen, dann dürfen Sie sich nicht wundern, wenn diese Stimmung auf Ihre Mitarbeiter abfärbt.

Begeistern Sie Ihre Mitarbeiter! Dann werden Ihre Mitarbeiter auch Sie begeistern!

Wenn Sie selbst keinen Spaß an Ihrer Arbeit haben, dann haben Sie nicht nur ein Problem – dann sind Sie ein Problem. Dann sollten Sie intensiv darüber nachdenken, Ihre Einstellung zu ändern – oder Konsequenzen zu ziehen. Kennen Sie das Gelassenheitsgebet? "Gott, gib mir die Gelassenheit, Dinge hinzunehmen, die ich nicht ändern kann, den Mut, Dinge zu ändern, die ich ändern kann und die Weisheit, das eine vom anderen zu unterscheiden."

Tagestipp:

Überlegen Sie, was dazu führen könnte, Ihre eigene Begeisterung neu zu entfachen. Unternehmen Sie etwas! Konkret heißt das: Love it. Change it. Or leave it.

Fordern Sie nicht nur Teamgeist – leben Sie ihn vor!

Betrachten Sie sich als Teil des Teams und schweben Sie nicht nur oben drüber!

Machen Sie sich bewusst, dass nicht nur Ihre Mitarbeiterinnen und Mitarbeiter für das verantwortlich sind, was sie leisten, sondern dass Sie als Führungskraft dafür mitverantwortlich sind. Im Guten wie im Schlechten.

Sie sollen mitverantwortlich sein für die Leistungen Ihrer Mitarbeiter? Wieso?

Nun, ein wesentlicher Teil Ihrer Führungsaufgabe ist es, Ihre Mitarbeiter zu unterstützen, sie zu coachen und ihnen zu helfen, wann immer sie Hilfe brauchen. So lange, bis jeder Mitarbeiter seinen Job zu Ihrer absoluten Zufriedenheit erledigt. Sie und Ihre Mitarbeiterinnen und Mitarbeiter sind ein Team! Und Sie tragen dafür die Hauptverantwortung.

Geben Sie allen Mitgliedern Ihres Teams das Gefühl, dass sie wichtig sind und dass ihre Arbeit wichtig ist. Ganz gleich, welche Funktion jemand innehat – jede Mitarbeiterin und jeder Mitarbeiter ist wichtig. Wer seinen Job mit Herz und Verstand ausübt, hat Wertschätzung, Anerkennung und Respekt verdient.

Tagestipp:

Setzen Sie sich immer wieder mal für ein paar Minuten besonders zu jenen Mitarbeiterinnen und Mitarbeitern, die nicht so sehr im Fokus stehen und versuchen Sie, auch ihnen das Gefühl zu vermitteln, dass sie Teil des Teams sind und dass ihre Arbeit wichtig ist.

Setzen Sie alles daran, Ihr Team so zusammenzustellen, dass es auch menschlich zueinander passt!

Das Arbeitsklima ist nach nahezu allen Untersuchungen – noch vor dem Gehalt und den Aufgaben – der wichtigste Faktor für unsere Zufriedenheit mit unserer Arbeit und für unsere Motivation.

Nicht jeder kann mit jedem "gut Freund" sein, aber achten Sie darauf, dass keine notorischen Querulanten, Alles-Miesmacher und andere Störenfriede den Weg in Ihr Team finden.

Bevor Sie sich für einen neuen Mitarbeiter entscheiden, stellen Sie ihn Ihrem Team vor. Lassen Sie das Team eine halbe Stunde lang mit ihm allein und hören Sie sich anschließend an, was Ihre Leute zu sagen haben.

Entscheiden müssen selbstverständlich Sie – aber zuvor sollten Sie die Meinung Ihrer Mitarbeiterinnen und Mitarbeiter zumindest anhören.

Und wenn Sie einen Problembären bereits an Bord haben? Dann schauen Sie sich noch einmal den Führungsgrundsatz Nr. 21 an.

Tagestipp:

Wenn eine Stellenbesetzung ansteht, dann denken Sie an diesen Punkt. Wenn Sie mehrere Teams haben: Prüfen Sie, ob es Sinn macht, die Zusammensetzung der Teams – oder vielleicht auch nur die Sitzordnung – zu ändern. Beziehen Sie dabei unbedingt alle betroffenen Mitarbeiterinnen und Mitarbeiter ein.

Sobald Sie Konflikte oder eine schlechte Stimmung erkennen, setzen Sie alles daran, diese auszuräumen!

Konflikte rauben Zeit und Nerven. Sie beeinträchtigen nachhaltig den Spaß an der Arbeit und damit auch unsere Motivation, unser Engagement und unsere Leistungsbereitschaft. Um Konflikte zu lösen, gibt es nur einen Erfolg versprechenden Weg – miteinander reden.

Kehren Sie Konflikte niemals unter den Teppich! Hoffen Sie niemals darauf, dass sie sich von allein lösen, denn fast immer schwelen sie weiter. Bringen Sie die Beteiligten an einen Tisch. Lassen Sie jeden seine Sicht der Dinge darstellen. Halten Sie sich mit vorschnellen Wertungen zurück. Moderieren Sie. Sorgen Sie dafür, dass alle Beteiligten ein Mindestmaß an Contenance bewahren. Bitten Sie beide Seiten, sich gedanklich einmal auf den Stuhl des anderen zu setzen. Bitten Sie beide Seiten, einen Vorschlag zu unterbreiten, wie der Konflikt aus ihrer Sicht gelöst oder zumindest entschärft werden könnte. Am Ende müssen allerdings Sie deutlich machen, was Sie von den Beteiligten erwarten.

Bei schweren Konflikten, bei intensivem Mobbing, bei handfesten Beleidigungen, bei links- oder rechtsradikalen Sprüchen, bei sexuellen Belästigungen oder gar Handgreiflichkeiten sollten Sie sich Hilfe holen. Wenn Ihr Unternehmen groß genug ist, bei der Personalabteilung, sonst direkt bei der Geschäftsleitung. Niemand kann von Ihnen verlangen, dass Sie mit derartigen Problemen ganz allein fertig werden.

Tagestipp:

Sind Ihnen Konflikte bekannt? Machen Sie sich daran, diese zu lösen! Am besten noch heute!

Führungsgrundsatz Nr. 29

Packen Sie mit an, wenn Not am Mann ist!

Da sind wir wieder bei der Sache mit der Augenhöhe (Grundsatz Nr. 4) und dem Teamgedanken (Grundsatz Nr. 26). Wenn sich eine Gelegenheit bietet – nutzen Sie sie.

Tagestipp:

Es sollte keine Aufgabe geben, für die Sie sich zu schade sind, wenn irgendwo in Ihrer Abteilung "Land unter" ist.

**Behalten Sie immer auch
den Unternehmenserfolg im Blick!**

Sorgen Sie für eine gute Zusammenarbeit mit anderen Abteilungen.

Das Marketing liegt mit dem Controlling über Kreuz. Der Vertrieb klagt über die Organisationsabteilung. Die Zentrale schimpft auf die Filialen – und umgekehrt. Und der Bereich Recht nervt mit seinen ewigen Bedenken alle.

Unterschiedliche Aufgabenstellungen führen zu unterschiedlichen Sichtweisen. Das ist vollkommen in Ordnung.

Meinungsverschiedenheiten auf der Sachebene sind unvermeidbar. Aber genau deshalb ist es wichtig, dass es nicht auch noch auf der persönlichen Ebene ständig knirscht und kracht. Denn selbstverständlich lassen sich Konflikte leichter lösen und unterschiedliche Interessen leichter unter einen Hut bringen, wenn der Abteilungsleiter Marketing mit dem Abteilungsleiter Controlling "gut kann".

Wenn es irgendwo Spannungen gibt, dann machen Sie den ersten Schritt: Gehen Sie auf Abteilungsleiterkollegen, mit denen Sie bisher nicht so gut auskommen, offensiv zu. Sagen Sie ihm oder ihr, dass Sie gern versuchen möchten, die Spannung, die zwischen Ihnen oder zwischen den Abteilungen besteht, zu beseitigen. Alles Weitere ergibt sich von selbst. Meistens klappt das sehr gut. Vielleicht sogar bei einem Feierabend-Bier.

Tagestipp:

Wenn es irgendwo Spannungen gibt, dann machen Sie den ersten Schritt! Fordern Sie auch Ihre Mitarbeiter auf, bei Konflikten entweder selbst den ersten Schritt zu machen und aufeinander zuzugehen oder sich an Sie zu wenden. Setzen Sie das Thema auf die Agenda für das nächste Team-Meeting.

Es geht nicht ums Durchsetzen, sondern darum, die beste Lösung zu finden!

Die meisten Unternehmen erwarten von ihren Führungskräften, dass sie durchsetzungsstark sind. Ihre Mitarbeiter haben übrigens die gleiche Erwartung – nämlich, dass Sie als Chef oder Chefin die Interessen Ihrer Abteilung und Ihrer Mitarbeiter durchsetzen.

Das ist Schwachsinn! Es geht nicht darum, dass Sie sich durchsetzen, sondern darum, die für das Unternehmen beste Lösung zu finden. Dafür werden Sie bezahlt. Dafür werden Ihre Mitarbeiterinnen und Mitarbeiter bezahlt. Niemand hat immer die beste Idee. Wenn ein anderer eine bessere Idee hat, dann unterstützen Sie ihn. Das ist der einzig richtige Weg, um Ihren Job zu erledigen und Ihrem Unternehmen zum Erfolg zu verhelfen.

Was Ihre Mitarbeiter und Ihr Chef hingegen zu Recht von Ihnen erwarten dürfen, ist, dass Sie in der Lage sind, Ihre Meinung und auch die Interessen Ihrer Mitarbeiter und Ihrer Abteilung überzeugend zu vertreten.

Sie sollen für Ihre Überzeugungen auch durchaus "auf die Barrikaden gehen". Wenn allerdings jemand noch bessere Ideen oder Argumente hat, dann zeigt es von Größe, das anzuerkennen – und von den Barrikaden wieder herunterzuklettern.

Tagestipp:

Denken Sie beim nächsten Meeting daran: Es geht nicht darum, Ihre Meinung durchzusetzen, sondern darum, das bestmögliche Ergebnis für Ihr Unternehmen zu erzielen. Scheuen Sie sich nicht, gegebenenfalls einmal zu sagen: „Sie haben recht, Ihre Idee ist besser. Toll!" Das zeigt wahre Größe und kommt wie ein Bumerang irgendwann zu Ihnen zurück. Vermitteln Sie diese Haltung auch Ihren Mitarbeiterinnen und Mitarbeitern. Machen Sie das zum Thema bei der nächsten Abteilungsbesprechung.

Führungsgrundsatz Nr. 32

Suchen Sie gemeinsam mit Ihrem Team immer wieder nach Wegen, um noch besser zu werden.

Wirklich gut ist eine Abteilung erst dann, wenn sie nicht nur ihre Aufgaben erledigt, sondern auch beständig daran arbeitet, ihre Aufgaben schneller, besser oder kostengünstiger zu erledigen. Nebenbei ist das übrigens auch der beste Weg für Sie persönlich, um weiterzukommen.

Suchen Sie kontinuierlich und systematisch nach Wegen, wie Sie mit Ihrer Abteilung noch besser zum Erfolg des Unternehmens beitragen können. Probieren Sie es einmal damit:

Machen Sie mit Ihren Mitarbeitern so oft wie möglich, am besten wöchentlich, einen 30-minütigen Mini-Workshop, um nach neuen Wegen zu suchen, um ein bestehendes Problem zu lösen oder um Probleme überhaupt erst einmal aufzuspüren. Notfalls reichen auch zwanzig Minuten. Bitte sagen Sie nicht, dass diese Zeit nicht vorhanden ist. Zwanzig Minuten pro Woche – das sind vier Minuten pro Arbeitstag,

Sie werden staunen, wie kreativ Ihre Mitarbeiter sind – oder mit der Zeit werden. Wann immer es sich anbietet, können Sie dazu auch mal Kollegen aus anderen Abteilungen, Ihren eigenen Chef, Kunden oder Geschäftspartner einladen, wobei derartige Workshops dann naturgemäß ein bisschen länger dauern werden.

Solche Mini-Workshops sind auch bestens geeignet, um Arbeitsklima-Probleme aufzuspüren und / oder zu beseitigen.

Tagestipp:

Probieren Sie die Mini-Workshops zumindest einmal aus. Eine kurze Darstellung einer bewährten, sehr effektiven und effizienten Methodik für einen Mini-Workshop finden Sie ab Seite 79.

Last but not least: Nehmen Sie auf keinen Fall hin, dass ein Mitarbeiter dauerhaft schlechte Leistungen bringt oder das Arbeitsklima belastet.

Dauerhaft schlechte Leistungen dürfen Sie auf keinen Fall hinnehmen. Wenn ein Mitarbeiter trotz aller Bemühungen – umfassende Einarbeitung, Weiterbildung, Training on the Job, Erklärungen, Unterstützung – dauerhaft unzumutbar schlechte Leistungen bringt, dann dürfen Sie ohne schlechtes Gewissen versuchen, ihn loszuwerden.

Das Gleiche gilt, wenn er das Arbeitsklima in einer nicht hinnehmbaren Weise stört. Wenn Sie den Problembären beim besten Willen nicht bändigen können, dann wenden Sie sich an Ihre Personalabteilung oder, wenn Sie in einem kleinen Betrieb keine haben, an Ihre Geschäftsleitung.

Das sind Sie auch den anderen Mitarbeiterinnen und Mitarbeitern Ihrer Abteilung schuldig. Ein unverbesserlicher Problembär führt fast immer zu einer Mehrbelastung für andere Mitarbeiter oder zu schlechter Stimmung in der gesamten Abteilung. Oder zu beidem.

Mitunter ist es besser, auf einen Mitarbeiter ersatzlos zu verzichten, als dauerhaft einen Querulanten zu erdulden.

Tagestipp:

Machen Sie einen Termin mit Mitarbeitern, die in diese Kategorie fallen. Geben Sie ihnen eine letzte Chance. Befristen Sie diese Chance. Sagen Sie dem betreffenden Mitarbeiter oder der betreffenden Mitarbeiterin klipp und klar, dass Sie nach Ablauf der Frist mit der Personalabteilung oder der Geschäftsleitung über das weitere Vorgehen sprechen werden.

Vom Papier in den Kopf!

Das waren sie, die 33 Führungsgrundsätze. Sie werden festgestellt haben, dass einige Grundsätze einander ähneln. Sie beleuchten aber allesamt etwas unterschiedliche Facetten und münden dann stets in der Empfehlung, auf Ihre Mitarbeiter zuzugehen. Diese scheinbare Redundanz ist gewollt, denn die persönliche und fachliche Kommunikation mit Ihren Mitarbeiterinnen und Mitarbeitern ist der Kern jeder Führungsaufgabe.

Führungsgrundsätze machen allerdings nur Sinn, wenn Sie gelebt werden. Aber natürlich kann sich kein Mensch alle 33 Führungsgrundsätze auf einen Schlag merken und sie ständig parat haben. Daher noch einmal der Tipp:

Picken Sie sich an jedem Tag einen Führungsgrundsatz heraus und nehmen Sie sich fest vor, ihn an diesem Tag ganz bewusst anzuwenden, wann immer sich dazu eine Gelegenheit ergibt. Wenn Sie mit allen Führungsgrundsätzen durch sind, dann fangen Sie wieder von vorne an.

Innerhalb weniger Wochen wird sich das Arbeits- und Leistungsklima in Ihrer Abteilung spürbar verändern. Denken Sie an die Erkenntnis der FOM-Studie: *„Je besser die Führungskräfte von ihren Mitarbeitern bewertet werden, desto motivierter sind die Mitarbeiter."*

Probieren Sie es aus! Wenn Sie Ihre Mitarbeiter begeistern, dann werden Ihre Mitarbeiter auch Sie begeistern.

Und wenn alle Führungskräfte dieses kleine Buch als Leitlinie an die Hand bekommen, dann wird das nach und nach die Motivationskultur des ganzen Unternehmens verändern.

Übrigens: Auch im Hinblick auf die zunehmenden Homeoffice-Tätigkeiten sind klare, unternehmensweit geltende Leitlinien sowohl für das Verhalten von Führungskräften als auch für das Verhalten aller anderen Mitarbeiterinnen und Mitarbeiter nahezu unentbehrlich. Beide Seiten sollten möglichst genau wissen, was von ihnen ganz konkret erwartet wird.

Nehmen Sie die Anregungen ernst.
Machen Sie den Selbst-Check!

Nichts ist so gut, dass man es nicht noch besser machen kann.

Falls Sie noch immer denken: *„Das sind doch alles Selbstverständlichkeiten – das mache ich doch alles",* dann sollten Sie sich an Hand der folgenden Beurteilungskriterien Punkt für Punkt selbstkritisch fragen, ob Ihre Mitarbeiterinnen und Mitarbeiter das tatsächlich auch so sehen.

Selbstbild und Fremdbild – also Ihre eigene Einschätzung Ihres Verhaltens und die Einschätzung Ihres Verhaltens durch Ihre Mitarbeiterinnen und Mitarbeiter – können ganz beträchtlich auseinanderklaffen. Siehe Seite 8, dritter Absatz von unten. Für die Motivation, das Engagement und die Leistungsbereitschaft Ihrer Mitarbeiter und Mitarbeiterinnen ist es nicht wichtig, wie Sie selbst sich sehen, sondern ausschließlich, wie Sie auf Ihre Mitarbeiter wirken.

Aber auch wenn Sie versuchen, den Selbst-Check so gut es geht aus Sicht Ihrer Mitarbeiter vorzunehmen, ist das natürlich nur eine Notlösung. Besser wäre es, sich tatsächlich von Ihren Mitarbeitern beurteilen zu lassen.

Aber sowohl Mitarbeiter- als auch Vorgesetztenbeurteilungen sind äußerst sensible Themen, über die nur Ihre Geschäftsleitung entscheiden kann und in deren Gestaltung der Betriebs- oder Personalrat einbezogen werden muss. Aber irgendwann wird vermutlich auch in Ihrem Unternehmen eine Vorgesetztenbeurteilung Einzug halten. Wenn man damit konstruktiv umgeht, ist das auch nichts Böses. Ganz im Gegenteil. Ein konstruktives Feedback ist die Voraussetzung dafür, dass wir uns weiterentwickeln können.

Die unverzichtbare Grundlage für eine sinnvolle Vorgesetztenbeurteilung sind allerdings klare und ganz konkrete Führungsgrundsätze, zu denen jeder Mitarbeiter wahlweise sofort sagen kann: *Das stimmt voll und ganz. Im Großen und Ganzen okay. Könnte besser sein. Na, da ist noch reichlich Luft nach oben.* Nur wenn alle Führungskräfte ganz genau wissen, was von ihnen erwartet wird, macht eine Vorgesetztenbeurteilung Sinn.

Auf der Grundlage der in diesem Buch vorgestellten Führungsgrundsätze könnten die Beurteilungspunkte in etwa so aussehen.

Grundlegendes zur Chefin / zum Chef

- Man spürt, dass mein Chef Spaß an seiner Arbeit hat.
- Meine Chefin ist im persönlichen Umgang toll.
- Mein Chef ist fachlich richtig gut.

Wertschätzung

- Wenn meine Chefin etwas verspricht, dann hält sie es auch.
- Mein Chef gibt mir das Gefühl, dass meine Arbeit wichtig ist und dass er mich und meine Arbeit schätzt.
- Meine Chefin ist immer offen für Anregungen und Ideen, aber auch für Bedenken und setzt sich ernsthaft mit ihnen auseinander.
- Mein Chef bezieht mich bei allen Dingen, die meine Arbeit betreffen, ein.
- Mein Chef ist gerecht und bemüht sich, keinen Mitarbeiter zu bevorzugen oder zu benachteiligen.
- Meine Chefin ordnet nicht einfach nur an, sondern argumentiert, begründet und versucht, zu überzeugen.

Unterstützung

- Mein Chef fragt mich immer wieder einmal, ob es irgendetwas gibt, womit ich nicht zufrieden bin und ob er irgendetwas für mich tun kann.
- Wenn meine Chefin mit einer Arbeit nicht zufrieden ist, dann nörgelt sie nicht einfach nur herum, sondern nimmt sich Zeit, um sich mit mir zusammenzusetzen und gemeinsam zu überlegen, was zu tun ist.
- Mein Chef hat stets ein offenes Ohr für größere oder kleinere Probleme.
- Meine Chefin unterstützt mich dabei, alle Fähigkeiten zu erwerben, die ich für meine Arbeit brauche.
- Mein Chef setzt sich für die Interessen seiner Mitarbeiter und unserer Abteilung ein.

- Meine Chefin interessiert sich für meine beruflichen Zukunftspläne und unterstützt mich dabei, diese zu erreichen.
- Mein Chef bemüht sich im Rahmen seiner Möglichkeiten um eine leistungsgerechte Bezahlung für alle Mitarbeiter.

Fachlicher Umgang

- Meine Chefin formuliert Aufgaben und Ziele klar und deutlich und lässt jederzeit Nachfragen zu.
- Mein Chef gibt in allen Bereichen so viele Informationen wie möglich.
- Meine Chefin verteilt die Aufgaben im Rahmen der festgelegten Zuständigkeiten qualitativ und quantitativ fair.
- Wenn mein Chef kritisiert, dann tut er das sachlich und hört sich auch meine Sicht der Dinge an und nimmt sie ernst.

Allgemeines Arbeitsklima

- Meine Chefin ist offen und ehrlich.
- Kritik übt mein Chef nie vor Dritten.
- Mein Chef bemüht sich aktiv um eine gute Zusammenarbeit mit anderen Abteilungen.
- Meine Chefin bemüht sich, Teams so zusammenzustellen, dass es nicht nur fachlich, sondern auch menschlich passt.
- Mein Chef unternimmt etwas gegen Mitarbeiter, die dauerhaft schlechte Leistungen bringen oder das Arbeitsklima belasten.

Last but not least: Meine Zufriedenheit mit meiner Arbeit:

- Mit meinem Aufgabengebiet bin ich zufrieden.
- Mit der Arbeitsmenge bin ich zufrieden.
- Mit der Verantwortung und den Entscheidungskompetenzen, die ich habe, bin ich zufrieden.
- Mit dem Freiraum zur Gestaltung meiner Arbeit bin ich zufrieden.

Wie auch immer eine künftige Vorgesetztenbeurteilung in Ihrem Unternehmen aussehen mag – wenn Sie sich an die 33 Führungsgrundsätze halten, dann können Sie jeder Beurteilung gelassen entgegensehen.

Ein paar grundsätzliche Worte zum Thema „Vorgesetztenbeurteilung"

Sollten Sie, liebe Leserin, lieber Leser, an der Spitze eines Unternehmens oder einer öffentlichen Verwaltung stehen oder im Personalbereich für die Führungskräfte zuständig sein, dann möchte ich Ihnen gern die „Light-Version" einer Vorgesetztenbeurteilung ans Herz legen – falls Sie nicht ohnehin schon eine Vorgesetztenbeurteilung haben.

Grundsätzlich ist es nicht einzusehen, warum es, zumindest dort, wo es Mitarbeiterbeurteilungen gibt, nicht auch eine Vorgesetztenbeurteilung geben sollte. Mehr noch! Auf Grund des beachtlichen Einflusses der Führungskräfte auf das Arbeits- und Leistungsklima ist gerade die Vorgesetztenbeurteilung besonders wichtig.

Andererseits gibt es gegen Vorgesetztenbeurteilungen zweifellos eine Menge Vorbehalte. Nicht nur auf Seiten der Führungskräfte, sondern mitunter auch bei den Mitarbeitern.

Von den Führungskräften hört man oft: „Die Mitarbeiter sind nicht fair und motzen nur". Dabei stellt sich allerdings die Frage, warum die Mitarbeiter eigentlich weniger fair sein sollen als es die Führungskräfte bei der Beurteilung ihrer Mitarbeiter sind. Und man könnte den Führungskräften auch entgegenhalten: „Selbst, wenn Ihre Mitarbeiter tatsächlich motzen: Sollten Sie nicht wissen, was Ihre Mitarbeiterinnen und Mitarbeiter von Ihnen denken? Denken tun sie es ohnehin."

Aber nicht nur die Führungskräfte, sondern auch die Mitarbeiter haben oft Vorbehalte, weil sie fürchten, dass der Chef oder die Chefin selbst bei anonymen Beurteilungen weiß oder ahnt, von wem welche Beurteilung kommt und dass der oder die Betreffende dann „unten durch" ist.

Abhilfe kann eine unternehmensweite „Vorgesetztenbeurteilung light" schaffen, die zudem sehr einfach durchzuführen ist:

- Einmal im Jahr erhalten alle Mitarbeiterinnen und Mitarbeiter einen Bogen zur Beurteilung ihrer Vorgesetzten.

- Der Bogen wird vollkommen anonym ausgefüllt. Die Abteilung ist daraus nicht ersichtlich. Die beurteilte Führungskraft ist nicht ersichtlich. Und die beurteilenden Mitarbeiterinnen und Mitarbeiter sind es auch nicht.

- Alle Beurteilungsbögen werden von den Mitarbeiterinnen und Mitarbeitern direkt an die Personalabteilung gesandt, die dann für jeden Beurteilungspunkt die Bandbreite und den Unternehmens-Durchschnitt ausrechnet.

- Das Ergebnis wird im Sinne einer offenen Kommunikation im gesamten Unternehmen veröffentlicht.

Sie wissen durch diese „Vorgesetztenbeurteilung light" zwar nicht, wie welche Führungskraft beurteilt worden ist, Sie erhalten aber immerhin eine umfassende Bestandsaufnahme über das Führungsverhalten in Ihrem Unternehmen insgesamt. Bei besonderen Schwachpunkten können Sie dann zum Beispiel durch Seminare und Workshops nachbessern und das Problembewusstsein schärfen.

Darüber hinaus geben Sie mit der Einführung einer „Vorgesetztenbeurteilung light" allen Führungskräften die Gelegenheit, sich auf eine später möglicherweise personenbezogene Beurteilung einzustellen.

Da Ihre Führungskräfte die Bewertungskriterien kennen, haben sie Zeit, sich mit ihrem Führungsverhalten auseinanderzusetzen und selbst erkannte Schwachstellen zu beseitigen, bevor es möglicherweise irgendwann zu einer „echten" Vorgesetztenbeurteilung kommt.

Und nun: Gleiches Recht für alle.
Was Sie als Führungskraft von Ihren
Mitarbeitern erwarten dürfen.

Auch Ihre Mitarbeiter sind gefordert

Ebenso wie sich Ihre Mitarbeiter einen tollen Chef oder eine tolle Chefin wünschen, dürfen Sie sich natürlich auch tolle Mitarbeiterinnen und Mitarbeiter wünschen.

Aber was ist das – ein toller Mitarbeiter? Wie verhält sich eine tolle Mitarbeiterin? Was soll ein toller Mitarbeiter ganz konkret tun? Und was soll er auf keinen Fall tun?

Auf den folgenden Seiten werden Eigenschaften und Verhaltensweisen beschrieben, die signifikant sind für Mitarbeiterinnen und Mitarbeiter, die mit Arbeitsfreude, Motivation, Engagement und Leistungsbereitschaft bei der Sache sind – und die darüber hinaus zu einem guten Arbeitsklima beitragen.

Diese Eigenschaften und Verhaltensweisen sind ebenso wie die 33 Führungsgrundsätze von Führungskräften und Mitarbeitern in gemeinsamen, speziell konzipierten Workshops zu einem „So-macht-die-Arbeit-Spaß-Knigge" zusammengetragen worden. Verteilen Sie, sofern Ihre Geschäftsleitung einverstanden ist, den Knigge an Ihre Mitarbeiterinnen und Mitarbeiter. Zum Beispiel zusammen mit einem kleinen Statement, das vielleicht so aussehen könnte:

Liebe Kolleginnen, liebe Kollegen,

der folgende „So-macht-die-Arbeit-Spaß-Knigge" stammt aus einem Buch, das ich kürzlich in die Hand bekommen habe. Ich möchte gern wissen, was Sie davon halten und dann beim nächsten Meeting am kommenden Freitag mit Ihnen darüber diskutieren.

Mit freundlichen Grüßen

Seien Sie offen gegenüber allem, was dabei herauskommt.

Sie können den „So-macht-die-Arbeit-Spaß-Knigge" kopierfertig aus dem Internet herunterladen und ihn innerhalb Ihres Unternehmens unentgeltlich in beliebiger Weise nutzen. Download siehe nächste Seite.

Wenn Sie eine
Unternehmenskultur wollen,
in der es Spaß macht, zu arbeiten,
dann müssen Sie etwas dafür tun.
Denn Sie sind Teil der
Unternehmenskultur.

Der „So-macht-die-Arbeit-Spaß-Knigge"

Download der aktuellen Version:

https://ogy.de/So-macht-die-Arbeit-Spass-Knigge

Unser „So-macht-die-Arbeit-Spaß-Knigge"

So tragen Sie zu einem tollen Arbeitsklima bei!

1. Behandeln Sie alle Menschen so, wie Sie selbst behandelt werden möchten.

2. Im richtigen Ton können Sie alles sagen, im falschen Ton nichts.

3. Denken Sie auch an die Selbstverständlichkeiten: Bitte, Danke, Guten Tag und Auf Wiedersehen!

4. Ganz gleich, welche Funktion jemand innehat, wer seinen Job zuverlässig und mit Engagement erledigt, ist wichtig und verdient Ihren Respekt und Ihre Anerkennung. Verhalten Sie sich entsprechend.

5. Grenzen Sie niemanden aus! Achten Sie darauf, niemanden zu mobben, denn Mobbing tut unglaublich weh.

6. Verteilen Sie so oft wie möglich freundliche Worte, denn das wirkt Wunder und kommt irgendwann wie ein Bumerang zu Ihnen zurück.

So sorgen Sie für eine gute Zusammenarbeit mit allen!

7. Versuchen Sie, auch mit Kolleginnen und Kollegen, die nicht so ganz auf Ihrer Wellenlänge liegen, so gut wie möglich auszukommen und fair und sachorientiert mit ihnen zusammenzuarbeiten!

8. Machen Sie bei Konflikten den ersten Schritt. Gehen Sie auf Kolleginnen und Kollegen, mit denen Sie Probleme haben, aktiv zu und sagen Sie ihnen, dass Sie versuchen möchten, die Spannungen, die zwischen Ihnen bestehen, zu beseitigen! Meistens gelingt das sehr gut.

9. Loben Sie ruhig auch Kolleginnen und Kollegen, Ihren Chef oder Ihre Chefin, wenn es einen Grund dafür gibt. Wer freut sich nicht über ein ehrliches und aufrichtiges Lob? Loben Sie, aber schleimen Sie nicht!

10. Setzen Sie sich bei Diskussionen ganz bewusst auch immer gedanklich auf den Stuhl Ihres Gegenübers und versuchen Sie, auch seinen Standpunkt zu verstehen.

11. Seien Sie offen für die Meinung anderer und für neue Ideen, denn ohne neue Ideen gibt es keinen Fortschritt und keine Weiterentwicklung.

12. Trauen Sie sich, Ihre Meinung zu sagen! Trauen Sie sich, Ideen und Anregungen, aber auch Bedenken zu äußern! Aber motzen und meckern Sie nicht einfach nur herum, denn destruktive Miesmacher sind unerträglich.

So beherrschen Sie Ihren Job!

Gut zu sein, macht verdammt viel Spaß. Probieren Sie es aus!

13. Setzen Sie alles daran, Ihren Job perfekt zu beherrschen! Kümmern Sie sich darum, alle Kompetenzen zu erwerben und zu erhalten, die Sie für Ihren Job brauche! Die Initiative muss von Ihnen ausgehen.

14. Überlegen Sie immer wieder, wie Sie Ihre Kenntnisse und Fähigkeiten weiter ausbauen können. Gibt es Seminare, die Sie weiterbringen? Gibt es Fachbücher, interne Geschäftsanweisungen, Beiträge in Fachzeitschriften oder Informationen im Internet?

15. Scheuen Sie sich nicht, Ihre Chefin oder Ihren Chef, Kolleginnen oder Kollegen zu fragen, wenn Sie etwas nicht wissen, können oder verstehen. Zu fragen, ist niemals dumm! Dumm sind nur dumme Antworten.

16. Kein Mensch ist vor Fehlern gefeit. Aber versuchen Sie mit aller Macht, Schlampigkeitsfehler zu vermeiden! Fragen Sie sich bei allem, was Sie tun: „Habe ich an alles gedacht? Gibt es irgendetwas, das ich noch besser machen kann?" Machen Sie das zu Ihrer Gewohnheit!

Seien Sie engagiert und initiativ!

17. Führen Sie nicht nur aus, sondern denken Sie mit! Wir wollen keine Mitläufer, sondern Mitmacher und Mitdenker! Wann immer Sie meinen, dass man etwas besser machen kann – sprechen Sie es an!

18. Denken Sie immer wieder darüber nach, ob es Möglichkeiten gibt, die Arbeitsabläufe bei Ihren Aufgaben noch schneller, besser oder kostengünstiger zu erledigen.

19. Stehen Sie zu Ihren Zuständigkeiten und spielen Sie kein Zuständigkeits-Ping-Pong.

20. Handeln Sie im Rahmen der Vorschriften und Ihrer Kompetenzen so selbständig, kreativ, mutig und unbürokratisch wie möglich.

21. Drücken Sie sich nicht vor unangenehmen Aufgaben!

Seien Sie zuverlässig!

22. Halten Sie Zusagen ein! Wenn das einmal beim besten Willen nicht möglich ist, dann sagen Sie so früh wie möglich Bescheid und begründen Sie die Verzögerung! Verlässlichkeit ist ein hohes Gut.

Sie haben nicht nur Pflichten, sondern auch Rechte

23. Akzeptieren Sie Entscheidungen einer höheren Hierarchieebene! Aber nehmen Sie auch Ihr Recht i Anspruch, Bedenken zu äußern und eine offene und ehrliche Begründung für die Entscheidung zu verlangen!

24. Akzeptieren Sie berechtigte Kritik und entschuldigen Sie sich ohne Wenn und Aber, wenn Sie einen Fehler gemacht oder jemanden mit einer unbedachten Bemerkung verletzt haben. Aber trauen Sie sich, auch offen und ehrlich sagen, wenn Sie selbst sich ungerecht behandelt fühlen.

25. Fressen Sie Frust und Ärger nicht in sich hinein. Wann immer Sie mit etwas nicht zufrieden sind, wenden Sie sich an Ihren Chef oder Ihre Chefin. Zu deren wichtigsten Aufgaben gehört es, Ihnen zuzuhören und sich mit Ihren Ideen, Anregungen, Wünschen und Bedenken ernsthaft auseinanderzusetzen und Sie zu unterstützen, wo immer es geht.

26. Akzeptieren Sie aber auch, wenn sich etwas beim besten Willen nicht realisieren lässt, zum Beispiel, weil es die Arbeitsabläufe unzumutbar beeinträchtigen würde oder weil es ungerecht gegenüber anderen Mitarbeitern wäre.

27. Und wenn Ihr Chef oder Ihre Chefin selbst das Problem ist? Dann wenden Sie sich bitte an die Personalabteilung oder, wenn es in Ihrem Unternehmen eine solche nicht gibt, an Ihre Geschäftsleitung. Aber denken Sie daran: „Im richtigen Ton können Sie alles sagen, im falschen Ton nichts."

Zum Umgang mit dem „So-macht-die-Arbeit-Spaß-Knigge"

Kein Mensch kann sich die 27 Punkte auf einen Schlag merken, sie ständig parat haben und danach handeln. Aber es gibt einen ganz einfachen Weg, sie innerhalb weniger Monate voll und ganz zu verinnerlichen:

Suchen Sie sich jeden Morgen einen beliebigen Punkt heraus, schreiben sie ihn handschriftlich auf einen Zettel, gern auch als persönlichen Vorsatz formuliert, und stecken Sie den Zettel in die Tasche. Das ist alles. Sie werden sehen, dass Sie bei passender Gelegenheit ganz automatisch daran denken.

Wenn Sie mit allen Punkten durch sind, fangen Sie wieder von vorne an. So lange, bis Ihnen alle Grundsätze in Fleisch und Blut übergegangen sind. Zugegeben, das klingt ein bisschen nach Kindergarten, aber es funktioniert ausgezeichnet. Wenn das alle Mitarbeiterinnen und Mitarbeiter Ihres Unternehmens tun, dann werden Sie das Arbeitsklima in Ihrem Unternehmen in sechs Monaten kaum noch wiedererkennen.

Der besondere Tipp:

Machen Sie regelmäßige Mini-Workshops, um Ideen zu finden und Probleme zu lösen

Mini-Workshops sind toll!

Wirklich gut ist eine Abteilung erst dann, wenn sie nicht nur ihre Aufgaben erledigt, sondern auch beständig daran arbeitet, ihre Aufgaben schneller, besser oder kostengünstiger zu erledigen. Kleine, kurze Workshops sind ideal, um Ideen zu finden oder Probleme zu lösen:

- Mehr Köpfe: Mehr Ideen. Es entsteht eine kontinuierliche und systematische Suche nach Verbesserungsmöglichkeiten.

- Optimal sind fünf bis sieben Teilnehmer.

- Die Teilnehmer erlernen ganz automatisch ein strukturiertes Vorgehen und eine kreative Denk- und Arbeitsweise. Das ist nützlich auch für ihre eigene tägliche Arbeit.

- Die nachfolgend beschriebene Karten-Methode ist unglaublich schnell und effektiv. Aber auch ein normales Brainstorming ist besser als nichts.

- Alle Mitarbeiter, die das möchten, können an Workshops, die sie interessieren, teilnehmen – auch über das eigene Aufgabengebiet hinaus. Die meisten Mitarbeiter empfinden das als Wertschätzung.

- Jeder Mitarbeiter und jede Mitarbeiterin kann Themen vorschlagen.

- Bei Bedarf können auch Kollegen aus anderen Abteilungen, der nächsthöhere Chef, Kunden oder Geschäftspartner einbezogen werden.

Bitte kein Erfolgsdruck!

Machen Sie das Ganze spielerisch! Es muss keineswegs bei jedem Workshop eine tolle Idee herauskommen. Es wird selbstverständlich Dinge geben, die Sie schon so gut machen, dass Sie keine oder nur klitzekleine Ansätze finden, es noch besser zu machen. Aber eine aktive und kontinuierliche Suche nach neuen Wegen und neuen Ideen bringt jede Abteilung weiter. Und damit das gesamte Unternehmen.

Der 30-Minuten-Workshop

1. Ein Mitarbeiter erläutert ein Problem, für das er eine Lösung sucht und formuliert daraus eine auf das Ziel ausgerichtete Frage, die immer mit folgenden Worten beginnt: **Wie kann man erreichen, dass ...?**

2. Ein Beispiel aus dem Personalbereich:

   Wie kann man erreichen, dass die krankheitsbedingten Fehlzeiten in unserem Unternehmen reduziert werden?

3. Jetzt bitte nicht gleich losdenken! Sie sollten das Problem erst einmal durch folgende Fragen „aufdröseln":

   - **Was** hat Einfluss auf das Problem?
   - **Wer** hat Einfluss auf das Problem und kann zur Lösung beitragen?
   - **Wen** wollen wir erreichen?

4. Für unser Beispiel könnte das etwa so aussehen:

   - **Was** hat Einfluss auf die Gesundheit unserer Mitarbeiter?
   - **Wer** hat Einfluss auf die Gesundheit unserer Mitarbeiter?
   - **Wen** wollen wir mit unseren Maßnahmen erreichen?

5. Manchmal wird das Problem noch deutlicher, wenn man die ersten beiden Fragen quasi auf den Kopf stellt:

   - **Was** kann unsere Mitarbeiter krankmachen?
   - **Wer** kann unsere Mitarbeiter krankmachen?
   - **Wen** wollen wir mit unseren Maßnahmen erreichen?

Schon beim ersten 30-Minuten-Workshop würden mit Sicherheit jede Menge Ansatzpunkte herauskommen:

Was kann unsere Mitarbeiter krank-machen?	**We**r kann unsere Mitarbeiter krank machen?	**Wen** wollen wir mit unseren Maßnahmen erreichen?
• Arbeitsklima • Bewegungsmangel • Stress • Übergewicht • Rauchen • Alkohol • Grippeepidemie • Mobbing • Bildschirmarbeit • Langes Sitzen • Die Aufgaben • Sorgen / Probleme	• Chef • Kollegen • Partner • Ansteckende Personen	• Unzufriedene Mitarbeiter • Blaumacher • Langzeitkranke • Raucher • Übergewichtige • Bewegungsmuffel • Bildschirmarbeiter • Impfmuffel • Gestresste • Überforderte • Unterforderte • Häufig-Kranke

6. Durch die Zerlegung des Problems in Teilprobleme haben Sie nun zahlreiche Ansatzpunkte für die Suche nach konkreten Ideen. Zum Beispiel:

   • Was können wir gegen die Unzufriedenheit von Mitarbeitern tun?
   • Wie können wir erreichen, dass sich unsere Mitarbeiter mehr bewegen?
   • Was können wir tun, um langes Sitzen erträglicher zu machen?
   • Wie können wir Mobbing vorbeugen?
   • Wie können wir erreichen, dass sich unsere Mitarbeiter gesünder ernähren?
   • Wie erreichen wir mehr Grippeimpfungen?
   • Was können wir gegen Blaumacher unternehmen?
   usw.

Zur Methodik:

- Jeder Teilnehmer denkt zunächst für sich allein und schreibt jede Idee auf eine separate Karte. Die Karten werden vorgelesen und angepinnt. Anschließend folgt eine zweite Runde oder ein offenes Brainstorming, um basierend auf den Ideen der anderen, nach weiteren Ideen zu suchen. Fertig!

- Warum soll jeder zunächst für sich allein denken? Weil es diverse Untersuchungen gibt, die zeigen, dass es dadurch zu deutlich mehr und besseren Ideen kommt als bei einem sofortigen Brainstorming. Wenn Sie mehr dazu wissen wollen, dann lesen Sie den Beitrag "So lasst uns denn die Hirne melken" von Jörg Albrecht in dem Buch "Die Kraft des Geistes", herausgegeben von Joachim Müller-Jung.

- Wahlweise kann man die erste Runde auch anonymisieren. Die Karten werden eingesammelt, gemischt und dann vom Moderator vorgelesen. Vorteile: Auch Schüchterne trauen sich. Es fällt leichter, auch unpopuläre Ideen vorzubringen.

- Sie werden staunen, wie kreativ Ihre Mitarbeiter sind oder werden. Versuchen Sie's!

- Die Weiterbearbeitung übernimmt dann der für das Thema zuständige Mitarbeiter.

Am Rande bemerkt

Noch etwas zum Thema Krankenstand: Nach zahlreichen Untersuchungen ist ein schlechtes Arbeitsklima die häufigste Ursache für überproportionale Fehlzeiten.

Last but not least:

Zum Umgang mit diesem Buch.

Wie Sie sicher wissen, bedarf die Anfertigung von Nachdrucken oder Kopien aus einem Buch grundsätzlich immer der Genehmigung des Inhabers der Urheberrechte. Auch Zitate sind nur im streng begrenzten Rahmen des Urheberrechts gestattet.

Um es Ihnen einfach zu machen: Bis zu zehn beliebige Seiten aus diesem Buch können Sie ohne jede Nachfrage kopieren und (unter Quellenangabe) innerhalb Ihres Unternehmens in beliebiger Weise nutzen. Das gleiche gilt für den „So-macht-die-Arbeit-Spaß-Knigge", den Sie kostenlos aus dem Internet herunterladen können. Siehe Seite 73.

Falls Sie weitergehende Wünsche haben, senden Sie bitte eine Mail an dd.gebhard@gmail.com.

Das war's – aber bitte beachten Sie noch den Anhang:

- Bitte beurteilen Sie das Buch
- Literaturverzeichnis & Bildverzeichnis

Bitte beurteilen Sie das Buch!

Leider ist es heute üblich geworden, Bewertungen zu kaufen oder zumindest die eigene Familie, Freunde und Bekannte um eine positive Bewertung zu bitten. Für dieses Buch wird definitiv auf beides verzichtet. Daher meine Bitte:

Schreiben Sie eine Bewertung!

Wenn Sie das Buch lesenswert finden, dann empfehlen Sie es bitte weiter. Wenn nicht, dann warnen Sie andere davor, es zu kaufen.

Ob Sie das Buch bei Amazon erworben haben oder in einer kleinen Buchhandlung – auf der entsprechenden Homepage ist fast immer die Möglichkeit vorhanden, das Buch zu bewerten – zumindest durch die üblichen Sterne, möglichst aber zusätzlich mit ein paar ergänzenden Worten.

Vielen Dank!

Ein weises Zitat zum Schluss

Wenn Sie akzeptieren, dass Ihr Verhalten als Führungskraft die Arbeitsfreude, die Motivation, das Engagement und die Leistungsbereitschaft Ihrer Mitarbeiterinnen und Mitarbeiter maßgeblich beeinflusst, dann müssen Sie sich letztlich nur über eines klar werden – über Ihr Verhalten.

Schöner hat es der Philosoph, Ökonom und Autor Peter F. Drucker formuliert, der als einer der Väter der modernen Managementlehre gilt:

„Nur wenige Menschen sehen ein,
dass sie letztendlich
nur eine einzige Person führen können
und auch müssen.
Diese Person sind sie selbst."

Literaturverzeichnis

Bei den online verfügbaren Unterlagen wurde das Vorhandensein zuletzt überprüft am 8.12.2023. Sie müssen die URLs mit allen Sonderzeichen korrekt eingeben – insbesondere die Minus- / Trennungszeichen, die nachstehend mitunter zum Zeilenumbruch geführt haben. Wenn der Link nicht (mehr) funktioniert, wenden Sie sich bitte an die Verfasser bzw. Herausgeber oder versuchen Sie, den Titel zu googeln.

Beitraining. Mitarbeitermotivation: Märchen oder Wirklichkeit
Unternehmerbefragung 2015
http://www.bei-training.com/files/documents/Mitarbeitermotivation-studie-2014-2015-befragung-beitraining-zum-PeopleSkillsDay2015.pdf

Büser, Tobias / Stein, Holger / von Königsmarck, Imke.
Führungspraxis und Motivation
Arbeitspapier der FOM, Nr. 30, Essen 2012, ISSN 1865-5610
http://bueser-akademie.de/fuehrung_und_motivation

Deutschland führt?! (2013, o.V. / o.O.).
Durchgeführt von Information Factory Deutschland GmbH, HR Flower und den Partnern Personalwirtschaft und stellenanzeigen.de [online].
http://www.muellerschoen-beratung.de/fileadmin/pdf/UmfrageF%C3%BChrung_Information_Factory.pdf

Deutschland führt?! (2015, o.V. / o.O.).
Durchgeführt von Information Factory Deutschland GmbH, HR Flower und den Partnern Personalwirtschaft und stellenanzeigen.de [online]
http://www.information-factory.com/fileadmin/user_upload/studien/Deutschland_fuehrt_Studie_2015.pdf

Gallup 2017: Pressemitteilung vom 29. August 2018.
http://www.gallup.de/183104/engagement-index-deutschland.aspx.
Dort gibt es einen Link "Pressemitteilung Engagement Index 2018". Oder googlen Sie direkt „Pressemitteilung Engagement Index 2018"

Harter, Josef: Einfluss von Führungskräften auf die Mitarbeitermotivation. 2016.
Mittweida, Hochschule Mittweida (FH), Fachbereich Wirtschaftsingenieurwesen, Diplomarbeit, 2016
https://monami.hs-mittweida.de/files/7263/Diplomarbeit+-+Josef+Harter.pdf

Hauser, Frank / Andreas Schubert, Andreas / Aicher, Mona.
Studie des Bundesministeriums für Arbeit und Soziales: Unternehmenskultur, Arbeitsqualität und Mitarbeiterengagement in den Unternehmen in Deutschland. Abschlussbericht Forschungsprojekt Nr. 18/05.
https://www.bmas.de/SharedDocs/Downloads/DE/Publikationen/forschungsbericht-f371.pdf?__blob=publicationFile&v=1

Umfrage der Hay-Group, 2013
Fast jeder zweite Chef in Deutschland demotiviert seine Mitarbeiter. [online]
https://www.personalmanagement.info/hr-know-how/fachartikel/detail/jeder-zweite-chef-demotiviert-die-mitarbeiter/

Nink 2014: Engagement Index
1. Auflage 2014. München: Redline Verlag, Autor: Marco Nink.

Plattner, Hasso
sinngemäß zitiert nach Handelsblatt vom 25.2.2010 [online]
http://www.handelsblatt.com/unternehmen/management/personalfuehrung-was-mitarbeiter-gluecklich-macht/3377336.html

FSC
www.fsc.org
MIX
Papier | Fördert
gute Waldnutzung
FSC® C083411

Zeitfracht Medien GmbH
Ferdinand-Jühlke-Straße 7
99095 Erfurt, Deutschland
produktsicherheit@kolibri360.de